ORDO

Modellgrammatik Latein

Gerhard Fink
Friedrich Maier

Oldenbourg

ORDO – Modellgrammatik Latein

verfasst von Dr. Gerhard Fink und Prof. Dr. Friedrich Maier

Das Papier ist aus chlorfrei gebleichtem Zellstoff hergestellt, ist säurefrei und recyclingfähig.

1. Auflage 1998

Unveränderter Nachdruck 02 01 00 99 98 R
Die letzte Zahl bezeichnet das Jahr dieses Drucks.

Lektorat: Dr. Sibylle Tochtermann, Christina Mosler
Herstellung: Johannes Schmidt-Thomé
Umschlagkonzept: Mendell & Oberer, München
Umschlaggestaltung: 2005, München
Satz und Reproduktionen: Blank Satzstudio GmbH, München
Druck und Bindung: R. Oldenbourg Graphische Betriebe, München

ISBN 3-486-**87691**-0

Inhaltsverzeichnis

Die Erscheinungsform des Satzes

Satzwertige Konstruktionen

Hauptsatz – Satzreihe

Gliedsatz – Satzgefüge

Gliedsätze

Anhang

Häufig verwendet werden folgende Abkürzungen:
i. D.: im Deutschen
i. L.: im Lateinischen

⇄ : Sprachenvergleich

Auf die durchnummerierten Abschnitte der Grammatik wird mit ↗ und der entsprechenden Zahl (z.B. ↗ 9.2) verwiesen.

ORDO

Was will dieses Buch?
Vordringliches Anliegen dieses Buches ist es, einen möglichst **kurzen**, aber **geordneten** und **verständlichen** Gang durch die lateinische Grammatik zu bieten. **Kürze** erreichen wir durch konsequente Beschränkung auf das, was für das Übersetzen aus dem Lateinischen wichtig ist, **Ordnung** durch klaren Aufbau und Konzentration aller Sprachbestandteile auf das Satzgrundmodell, **Verständlichkeit** durch schlichte Wortwahl, einprägsame Beispiele und häufigen **Vergleich mit dem Deutschen**. Erfahrungsgemäß ergeben sich viele Probleme, die Lernende mit Latein haben, aus Unsicherheiten in der Muttersprache. Bei allen behandelten Erscheinungen wird klar unterschieden zwischen solchen, die beiden Sprachen gemeinsam sind und die deshalb keiner besonderen Erläuterung bedürfen, und „typisch lateinischen", die keine Entsprechung im Deutschen haben. Auf diese Weise wird das Schwierigere eingegrenzt und überschaubar.

Außerdem will **ORDO** die **Ordnung**, d.h. das geschlossene System der lateinischen Sprache in gestraffter, übersichtlicher Form zur Anschauung bringen. Es wird herausgestellt, was die lateinische Sprache grundlegend kennzeichnet, wie sie sich in ihren Bestandteilen, von den kleinsten, den **Bausteinen des Wortes**, bis hin zu den umfassendsten, den **Sätzen und Texten**, aufbaut.

Ziel ist ein **geordneter Überblick** über den Funktionszusammenhang der Sprache Latein. Zugleich soll an dieser Sprache einsichtig werden, **wie Sprache an sich funktioniert**. Zumindest in den Fällen, wo Verwandtschaft und Abhängigkeit von der europäischen Basissprache gegeben ist. Am Lateinischen lässt sich ja Grundsätzliches über die Sprache vermitteln; an ihm können Erkenntnisse gewonnen werden, die auf andere Sprachen übertragbar sind. Insofern kommt seiner Grammatik ohne Zweifel **Modellcharakter** zu.

1 Wortarten

Wie im Deutschen gibt es auch im Lateinischen drei Arten von Wörtern:

1 Verben

Verben (Tätigkeitswörter) audire hören

Die **Konjugation** („Beugung") eines Verbs umfasst Veränderungen in fünf Bereichen:

Person	audio	ich höre	audis	du hörst
Numerus (Zahl)	audis	du hörst	auditis	ihr hört
Modus (Aussageweise)	auditis	ihr hört	audite	hört!
Tempus (Zeit)	audit	er hört	audiet	er wird hören
Genus verbi (Handlungsart)	audit	er hört	auditur	er wird gehört

Pronomina (Fürwörter: ich, du) stehen i. L. nur, wenn sie stark betont sind.

Wie i. D. gibt es i. L.
- drei Personen (1., 2., 3.),
- zwei Numeri (Singular / Einzahl; Plural / Mehrzahl),
- drei Modi (Indikativ / Wirklichkeitsform; Imperativ / Befehlsform; Konjunktiv / „Möglichkeitsform" ↗ 4.3 – 4.6),
- sechs Tempora (↗ 3.1; 5) und
- zwei Genera verbi (Aktiv / Tatform; Passiv / Leideform)

Verbformen, aber nicht konjugierbar, sind
- Infinitive (Nennformen, z.B. audire (zu) hören) ↗ 16
- Partizipien (Mittelwörter, z.B. auditus gehört) ↗ 17
- -nd-Formen ↗ 18, 19
- Supina ↗ 20

2 Nomina

„Nomen" ist der Oberbegriff für Wörter, die dekliniert („abgewandelt") werden können. Die Deklination umfasst drei Bereiche:

Kasus (Fall)	amicus	der Freund	amicum	den Freund
Numerus (Zahl)	amicus	der Freund	amici	die Freunde
Genus (Geschlecht)	amicus	der Freund	amica	die Freundin

Zu den Nomina gehören:

▶ Substantive (Hauptwörter) via der Weg, die Straße, das Mittel

Wie i. D. gibt es i. L. drei Genera:

Genus masculinum	(männliches Geschlecht)	amicus	der Freund
femininum	(weiblich)	amica	die Freundin
neutrum	(sächlich)	forum	das Forum, der Marktplatz

Vielfach wird das Genus der Substantive durch ihre Zugehörigkeit zu einer Deklination (↗ 6.1 – 6.3) oder Deklinationsgruppe festgelegt. Davon unabhängig sind Bezeichnungen von Männern und Völkern stets masculin, von Frauen feminin.

- ▶ Adjektive (Eigenschaftswörter ↗ 6.4) — longus, longa, longum — lang
- ▶ Pronomina (Fürwörter ↗ 6.5) — qui, quae, quod — welcher, welche, welches
- ▶ Numeralia (Zahlwörter ↗ 6.6) — duo, duae, duo — zwei; decem — zehn; decimus, -a, -um — der / die / das zehnte

  Wie i. D. werden i. L. nicht alle Numeralia dekliniert.

⚠ Adjektive, Pronomina und Numeralia richten sich i. L. in Kasus, Numerus und Genus stets nach den Substantiven, auf die sie sich beziehen:

Illa via longa est.	Jener Weg / Jene Straße ist lang.
Illae viae longae sunt.	Jene Wege / Jene Straßen sind lang.

3 Unveränderliche Wörter

Unveränderlich sind folgende Wortarten:

– Adverb (Umstandswort ↗ 7.1)	ibi dort; diu lange; valde sehr	
– Präposition (Verhältniswort ↗ 7.2)	in templum	in den Tempel
– Konjunktion (beiordnendes Bindewort)	moenia et portae	Mauern und Tore
– Subjunktion (unterordnendes Bindewort)	Gaudeo, quod venis.	Ich freue mich, dass du kommst.

Der Satz als Rahmen

2 Das Satzmodell

1. Jede Sprache dient der **Verständigung**. In ihr werden Aussagen formuliert, mit denen anderen Menschen Gedanken mitgeteilt, ihnen gegenüber Wünsche geäußert, Befehle gegeben, Fragen gestellt werden. Auf solche Weise kommt das **Gespräch** zwischen zwei oder mehreren Personen zustande. Die Rede oder der Vortrag sind Sonderformen des Gesprächs. Die **geschriebene Sprache** kann sich als richtiges Gespräch (z.B. als „Dialog") entwickeln, sie ist aber in den meisten Formen die Mitteilung eines Autors an viele Leser.

2. In der Sprache, die Verständigung ermöglicht, wirken **Wörter (Verben und Nomina)** in einem Funktionssystem zusammen; sie verändern dabei in der Regel ihre Erscheinungsform, besonders in ihrem Schlussteil. Nur wenige Wörter bleiben immer unverändert. Dieses **Funktionssystem der Sprache** ist der **Satz**, die kleinste Einheit einer sprachlichen Äußerung. Der Satz zeigt eine einfache, überschaubare Struktur mit festen Bauelementen. Sie lässt sich **modellartig** abbilden:

SATZMODELL

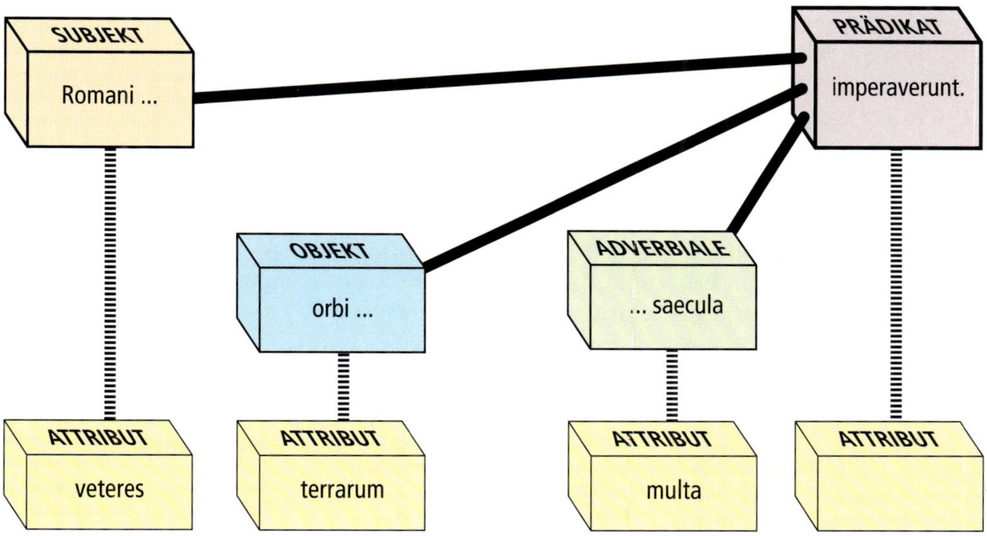

Dieses **Satzmodell** weist **fünf Positionen** auf, deren jeder eine besondere „Bau-Funktion", **syntaktische Funktion**, zukommt. Das Zentrum des Satzes stellt das **Prädikat** dar. Das Prädikat verlangt nach Ergänzungen, damit der Satz syntaktisch vollständig wird. Vom Prädikat aus werden demnach die weiteren Positionen eröffnet: **Subjekt, Objekt und Adverbiale**. Nicht vom Prädikat gefordert ist die Position des **Attributs**. Die **Satzglieder** Subjekt, Objekt und Adverbiale können als erweiternde Elemente **Attribute (Satzgliedteile)** bei sich haben, in einem besonderen Falle auch das Prädikat.

3. Die **Veränderung des Verbs** an der Position des Prädikats nennt man die **Konjugation**, die **Veränderung des Nomens** an den Positionen des Subjekts, Objekts und Adverbiales nennt man **Deklination**. Nomina als Attribute unterliegen den Veränderungsgesetzen der Deklination. Auf besondere Weise veränderte Wörter (z.B. Adjektive zu Adverbien) und die Kombination von Wörtern (z.B. Präposition mit Substantiv) können die Funktion des Adverbiales übernehmen.

Die Bauelemente des Satzes

Der Bezirk des Verbs

3 Konjugation des Verbs

1 Die Tempora im Aktiv und Passiv (Überblick)

	Aktiv		Passiv	
Futur (Zukunft)	mone bo	ich werde mahnen	mone bor	ich werde gemahnt werden
Präsens (Gegenwart)	mone o	ich mahne	mone or	ich werde gemahnt
Imperfekt (↗ 5.2)	mone bam	ich mahnte	mone bar	ich wurde gemahnt
Futur exact (↗ 5.5)	monu ero	ich …	monitus ero	ich …
Perfekt (↗ 5.3)	monu i	ich mahnte / habe gemahnt	monitus sum	ich wurde gemahnt / bin gemahnt worden
Plusquamperfekt (Vorvergangenheit)	monu eram	ich hatte gemahnt	monitus eram	ich war gemahnt worden

Die Übersicht zeigt:

a) Alle Formen des Präsens, Futur und Imperfekt im Aktiv und Passiv sind mit dem Stamm mone-, dem „Präsensstamm", gebildet.
Perfekt, Futur exact und Plusquamperfekt sind im Aktiv von einem veränderten Stamm monu-, dem „Perfektstamm", gebildet.
Die Passivformen dieser Zeiten sind, ähnlich wie i. D., zusammengesetzt aus
- dem Partizip Perfekt Passiv monitus - gemahnt, und
- Formen des Hilfsverbs sum - ich bin (Formenbildung ↗ 3.8).

Das Partizip richtet sich i. L. wie ein Adjektiv in Kasus, Numerus und Genus nach dem Wort, auf das es sich bezieht; i. D. ist es unveränderlich, z.B.:

Murus	aedificatus	est.	Eine Mauer wurde	erbaut.
Templa	aedificata	sunt.	Tempel wurden	
Arces	aedificatae	sunt.	Burgen wurden	

b) Weit mehr Tempora als i. D. sind ohne Zusammensetzung mit Hilfe von Tempus- und Personzeichen gebildet, z.B. das Futur Passiv:

Passiv-Signal
Personzeichen „ich"
Tempuszeichen Futur
Präsensstamm

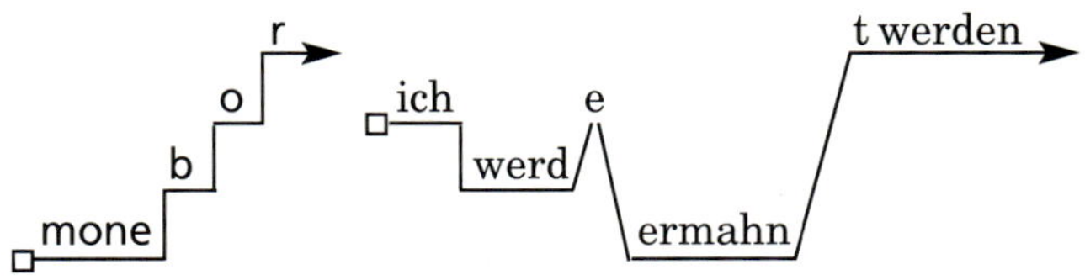

c) Als Zeichen für die 1. Person Singular (ich) erscheinen im Aktiv -o, -m, -i; im Passiv -or, -r sowie – beim Hilfszeitwort – -m (sum, eram) bzw. -o (ero).

d) Nicht alle Tempora haben eine direkte Entsprechung i. D.

2 Personzeichen

Zur Bezeichnung von Person und Numerus verfügt das Latein über drei Zeichensysteme, die untereinander Ähnlichkeiten aufweisen:

Person / Numerus	Aktiv ohne Indikativ Perfekt; Perfektbereich des Passivs		Indikativ Perfekt		Präsensbereich des Passivs	
ich	-o / m	moneo, monebam	-i	monui	-or / r	moneor, monebar
du	-s		-isti		-ris	
er / sie / es	-t		-it		-tur	
wir	-mus		-imus		-mur	
ihr	-tis		-istis		-mini	
sie	-nt		-erunt		-ntur	

Beispiele:

Indikativ Präsens Aktiv		Indikativ Perfekt Aktiv		Indikativ Präsens Passiv	
moneo	ich mahne	monui	(ich mahnte)	moneor	ich werde gemahnt
mones	du mahnst	monuisti	(du mahntest)	moneris	du wirst gemahnt
monet	er / sie / es mahnt	monuit	(er mahnte)	monetur	er wird gemahnt
monemus	wir mahnen	monuimus	(wir mahnten)	monemur	wir werden gemahnt
monetis	ihr mahnt	monuistis	(ihr mahntet)	monemini	ihr werdet gemahnt
monent	sie mahnen	monuerunt	(sie mahnten)	monentur	sie werden gemahnt

Künftig sind die Zeichenreihen so abgekürzt:

-o / -s   -m / -s   -i / -isti   -or / -ris   -r / -ris

3 Tempuszeichen im Indikativ

Für das Imperfekt hat das Lateinische ein unverwechselbares Tempuszeichen:
-ba-, z.B. monebamus wir mahnten;

-ba-

für das Futur gibt es, je nach Konjugationszugehörigkeit der Verben (↗ 3.6), zwei Zeichensysteme, nämlich

-b-	wie in	monebo	ich werde mahnen, bzw.
-a- / -e-	wie in	audiam	ich werde hören
		audies	du wirst hören

-b- / -a- / -e-

ama / clama / cogita — ba — m; lieb te / ich rief / dach te

ama b o — ich werd e lieb en; audi a m — ich werd e hör en

Im Perfektbereich des Aktivs erkennt man das Plusquamperfekt am Tempuszeichen -era-:

monueram ich hatte gemahnt,
veneram ich war gekommen.

Das Futur exact hat das Tempuszeichen -er-: monuero

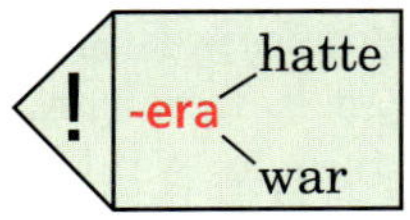

4 Indikativ Aktiv und Passiv am Beispiel von **moneo** (Präsensstamm)

	Aktiv		Passiv	
Futur	mone b o is[1] it … unt	ich werde mahnen du wirst … er / sie / es wird … sie werden …	mone b or eris itur … untur	ich werde gemahnt werden du wirst … er / sie / es wird … sie werden …
Präsens	mone o s	ich mahne du mahnst	mone or ris	ich werde gemahnt du wirst …
Imperfekt	moneba m s	ich mahnte	moneba r ris	ich wurde gemahnt
Futur exact	monu er o is[1] … int		monitus / monita er o is it moniti / ae eri mus itis unt	
Perfekt	monu i isti	(ich mahnte)	monitus / monita sum es	(ich wurde gemahnt)
Plusquamperfekt	monuera m s	ich hatte gemahnt	monitus / monita era m s	ich war gemahnt worden

5 Perfektstamm und Partizip Perfekt Passiv (PPP)

Nur bei wenigen lateinischen Verben sind alle Formen vom gleichen Stamm gebildet, wie z.B. bei

minu-o ich vermindere minu-i ich habe vermindert minu-tus vermindert

In den meisten Fällen weist der Perfektstamm gegenüber dem Präsensstamm Veränderungen auf. Häufige Bildungsweisen sind:

v-Perfekt:	audi-o	audi-v-i	audi-tus	(„Normalfall" bei den Verben auf -are ↗ 3.6)
u-Perfekt:	mone-o	mon-u-i	moni-tus	(oft bei Verben auf -ēre ↗ 3.6)
s-Perfekt:	mane-o	man-s-i		(manere: bleiben)

[1]) Zwischen Tempus- und Personzeichen tritt nicht selten zur Erleichterung der Aussprache ein Bindevokal (oft -i-, seltener -e- und -u-): monebis: du wirst mahnen; moneberis: du wirst gemahnt werden; monebuntur: sie werden gemahnt werden.

Seltener begegnen die Dehnung des Stammvokals (manchmal mit Ablaut) und die Anlautverdopplung:

Dehnung:	vide-o	vīd-i	vī-sus	(videre: sehen)
(mit Ablaut:)	capi-o	cēp-i	cap-tus	(capere: fangen)
Anlautverdopplung: (Reduplikation)	posc-o	po-posc-i		(poscere: fordern)

Das PPP endet meist auf -tus, seltener auf -sus (visus), ganz selten auf -xus (z.B. fixus: befestigt, fest); sein Stamm unterscheidet sich gelegentlich vom Präsensstamm:

pello pe-pul-i pul-sum (pellere: treiben)

Verben, deren Perfektstamm und PPP sich vom Präsensstamm so stark unterscheiden, dass ihre Formen nicht von ihm aus bestimmt werden können, sind in Tabelle 9.2 zusammengefasst.

An die verschiedenen Perfektstämme treten stets dieselben Endungen (↗ 3.2); dabei spielt es auch keine Rolle, zu welcher Konjugation (↗ 3.6) ein Verb gehört. Für den gesamten Perfektbereich genügt also ein Konjugationsmodell (↗ 3.4).

ama v			habe geliebt	/ liebte
mon u			habe gemahnt	/ mahnte
man s	i	ich	bin geblieben	/ blieb
po posc			habe gefordert	/ forderte
cep			habe genommen	/ nahm

6 Die fünf Konjugationen

Der Präsensstamm lateinischer Verben endet entweder auf einen Vokal (a, e, i, ĭ) oder auf einen Konsonanten.
Nach diesem Auslaut unterscheidet man fünf Konjugationen:

a-Konjugation:	amā-	tis	ihr liebt[1]
e-Konjugation:	monē-	tis	ihr mahnt
i-Konjugation:	audī-	tis	ihr hört
ĭ-Konjugation:	cápi-	tis	ihr fangt
Konsonantische K:	fer-	tis	ihr tragt
(meist aber:)	duc-	ítis	ihr führt

Die Formen der a-Konjugation sind im Indikativ ebenso gebildet wie die der e-Konjugation mit Ausnahme der 1. Person Singular des Präsens:

am -o, am -or, (aus ama-o, ama-or).

Beide Konjugationen haben im Futur das Tempuszeichen -b-, die übrigen drei Konjugationen -a- / -e-.

a / e	-b-
ī / ĭ / k	-a- / -e-

[1]) In der 2. Person Plural sind die Unterschiede besonders gut zu erkennen.

Die in der a- / e-Konjugation nur im Futur vorhandenen Bindevokale -i-, -e-, -u- finden sich in den anderen Konjugationen im Präsens und Imperfekt, z.B.

audiunt sie hören | ferebat er trug | ferimus wir tragen

Bei fast allen Verben der Konsonantischen Konjugation tritt im Indikativ und Infinitiv Präsens ein Bindevokal vor die Endungen -s / -t, -ris / -tur und -re;

Nur bei fer-re (tragen) fehlt er häufiger: ↗ 3.8.

Die Unterschiede zwischen den fünf Konjugationen sind im Imperfekt minimal (z.B.: amabam – audiebam); die Formen des -b-Futurs lassen sich sicher bestimmen.
Dagegen können, wenn man nicht auf die Konjugationszugehörigkeit eines Verbs achtet, beim a- / e-Futur sowie im Indikativ und Konjunktiv (↗ 3.7) Präsens Verwechslungen vorkommen.

Übersicht über die Formenbildung der fünf Konjugationen im Futur und im Indikativ Präsens:

	Aktiv		Passiv	
Futur	ama-b- / mone-b- } o, is, it, imus, itis, unt	audi- / capi- / duc- } a-m, e-s, e-t, e-mus, e-tis, e-nt	ama-b- / mone-b- } or, eris, itur, imur, imini, untur	audi- / capi- / duc- } a-r, e-ris, e-tur, e-mur, e-mini, e-ntur
Indikativ-Präsens	am o, ama s; mone o, s; audi o, s, u nt; capi o, s, u nt; duc o, i s, u nt		am or, ama ris; mone or, ris; audi or, ris, u ntur; capi or, cape ris, capi tur, u ntur; duc or, e ris, i tur, u ntur	

7 Die Modi

7.1 Indikativ (Wirklichkeitsform) – weitgehend wie i. D. verwendet (↗ 4.1).

7.2 Imperativ (Befehlsform) – weitgehend wie i. D. verwendet (↗ 4.2).

Imperativ I				Imperativ II	
ama !	liebe!	ama } te !	lieb } t!	ama to !	du sollst } lieben !
mone !	mahne!	mone	mahn	ama to !	er soll
audi !	höre!	audi	hör		
cape !	nimm!	capi	nehm	ama tote !	ihr sollt
fer !	trage![1]	fer	trag	ama nto !	sie sollen
age !	handle!	agi	handel	audi / capi / ag } unto !	

[1]) ebenso: dic (sage, sprich), duc (führe), fac (mache)

7.3 Konjunktiv („Möglichkeitsform“) – meist anders als i. D. verwendet (↗ 4.3).
Das Lateinische verfügt über vier Konjunktive, die i.d.R. den vier Tempora Präsens, Imperfekt, Perfekt, Plusquamperfekt zugeordnet werden, obwohl sie vielfach keine absolute Zeit, sondern ein Zeitverhältnis bezeichnen.

Konjunktiv Präsens			
Aktiv		Passiv	
am **e** m / s	mone audi capi duc } **a** m / s	am **e** r / ris	mone **a** r / ris

a → e
e / i / ĭ / k + a

Konjunktiv Imperfekt	
Aktiv	Passiv
ama mone audi cape duce } **re** m / s	ama **re** r / ris …

-re

Konjunktiv Perfekt		Konjunktiv Plusquamperfekt	
Aktiv	Passiv	Aktiv	Passiv
monu **eri** m / s	monitus **si** m / s	monu **isse** m / s	monitus **esse** m / s

-eri / si
-isse / esse

⚠ Verwechslungen des Konjunktiv Präsens mit Indikativen des Präsens oder Futur lassen sich vermeiden, wenn man auf die Konjugationszugehörigkeit der Verben achtet:

mones	→	monere	→	e-Konjugation	=	Indikativ Präsens
ames	→	amare	→	a-Konjugation	=	Konjunktiv Präsens
audies	→	audire	→	i-Konjugation	=	Futur
duces	→	ducere	→	Kons. Konjugation	=	Futur
amas	→	amare	→	a-Konjugation	=	Indikativ Präsens
ducas	→	ducere	→	Kons. Konjugation	=	Konjunktiv Präsens

Zur Verwendung der Konjunktive ↗ 4.3

8 Sonderfälle der Konjugation (esse, velle, ire, ferre, meminisse)

Einige Verben bilden ihre Formen von verschiedenen Stämmen:

8.1 esse (zu) sein

Präsens			Imperfekt		Futur
Indikativ		Konjunktiv	Indikativ	Konjunktiv	
sum	ich bin	si m / s	era m / s	esse m / s	er o / i s / … / u nt
es	du bist				
est	er (sie, es) ist				
sumus	wir sind				
estis	ihr seid				
sunt	sie sind				
Imperativ I	es sei – este seid		Imperativ II	esto, estote, sunto	
Perfektstamm	fu- (fu-i, fu-eram usw.)				

Entsprechend sind auch die Formen der von esse abgeleiteten zusammengesetzten Verben (Komposita) gebildet, z.B. absumus, defui.

Bei prodesse (nützen) tritt zur Sprecherleichterung vor -e- ein -d-, also:

prodest, proderam, aber prosum, prosit.

Posse (können) hat sich aus *pot-esse entwickelt. Der Stamm pot- bleibt vor e unverändert, vor s wird er zu pos-, also: possum, possumus, aber potes, potest.

8.2 velle (zu) wollen

Präsens			Imperfekt		Futur
Indikativ		Konjunktiv	Indikativ	Konjunktiv	
volo	ich will	veli m / s	voleba m / s	velle m / s	vola m / vole s
vis	du willst				
vult	er will				
volumus	wir wollen	Perfektstamm:	volu- (volu-i, volu-eram usw.)		
vultis	ihr wollt				
volunt	sie wollen				

Entsprechend gebildet sind die Formen von nolle (nicht wollen) und malle (lieber wollen):

nolo, non vis, non vult … malo, mavis, mavult …

Mit dem Imperativ von nolle können Verbote formuliert werden:

Noli(te) timere! Fürchte(t) dich (euch) nicht!

8.3 **ire** (zu) gehen

Präsens			Imperfekt		Futur
Indikativ		Konjunktiv	Indikativ	Konjunktiv	
eo	ich gehe	ea m / s	iba m / s	ire m / s	ib o
is	du gehst				i s
it	er geht				…
imus	wir gehen				u nt
itis	ihr geht				
eunt	sie gehen				

Imperativ I:	i geh – ite geht	Imperativ II:	ito, itote, eunto
Perfektstamm:	i- (i-i, i-eram, *aber:* isti, istis, isse, issem …)		

Partizip Präsens Aktiv:	iens, euntis	(↗ 17)
Gerundium / Gerundivum:	eundi, eundum est	(↗ 18 / 19)

Ebenso werden die Komposita von ire (adire, abire, exire usw.) konjugiert.

8.4 **ferre** (zu) tragen

ferre gehört zur Konsonantischen Konjugation; in einigen Formen treten die Endungen ohne Bindevokal an den Stamm fer-.

Präsens			Imperfekt		Futur
Indikativ		Konjunktiv	Indikativ	Konjunktiv	
fero	ich trage	fera m / s	fereba m / s	ferre m / s	fera m
fers	…				fere s
fert					
ferimus					
fertis					
ferunt					

Imperativ I:	fer trage – ferte tragt	Imperativ II:	ferto, fertote, ferunto
Perfektstamm: PPP	tul- (tuli, tuleram usw.) latus, -a, -um (latus sum, eram usw.)		

Im Passiv sind ohne Bindevokal gebildet ferri (getragen zu werden), ferris, fertur, ferrer …

Wie ferre werden auch die Komposita von ferre konjugiert, z.B. defero, defers, detuli, delatum; in einigen Fällen verändern sich durch Angleichung an die wechselnden Stämme die Vorsilben:

af-fero	at-tuli	al-latum	af-ferre	bringen, melden
au-fero	abs-	ab-	au-	wegbringen, rauben
con-	con-	col-	con-	zusammenbringen, vergleichen
dif-	dis-	di-	dif-	aufschieben
of-	ob-	ob-	of-	entgegenbringen, anbieten
re-	ret-	re-	re-	zurückbringen, berichten, beziehen (auf)
tollo	sus-tuli	sub-latum	tollere	aufheben, beseitigen

8.5 memini, odi, (novi)

Nur Formen des Perfektstammes – mit präsentischer Bedeutung – haben:

memini	ich erinnere mich	odi	ich hasse
memineram	ich erinnerte mich	odero	ich werde hassen
meminissem	ich würde mich erinnern	odisse	(zu) hassen
memento	erinnere dich		

Die Perfektformen von noscere (kennen lernen) müssen meist mit „wissen" wiedergegeben werden:

novisti	du weißt	noveratis	ihr wusstet	novissemus	wir wüssten

9 Deponentien

Deponentien sind Verben, die passive Formen mit aktiver Bedeutung haben:

cunctamini	~	dubitatis	ihr zögert	-or / -r	~	-o / m
vereberis	~	timebis	du wirst fürchten	-ris	~	-s
expertus sum	~	comperi	ich habe erfahren	-tus / -ta sum	~	-i
locuti eratis	~	dixeratis	ihr hattet gesprochen	-ti / -tae eratis	~	-eratis
progredi	~	proficere	Fortschritte machen	-ri / -i	~	-re

cunctare	~	dubita	zögere!
cunctamini	~	dubitate	zögert!

-re: Imperativ

Entsprechend: verere, experire, loquere, progredere

Wie von „normalen" Verben gebildet sind Partizip Präsens und Futur (↗ 17) sowie Gerundium und Gerundivum (↗ 18 / 19).

Semideponentien („Halb-Deponentien") haben teils aktivische Formen, teils passivische mit aktivischer Bedeutung:

reverti	zurückkehren	revertuntur	sie kehren zurück
		reverterunt	sie sind zurückgekehrt
fieri	werden	fio, fis …	ich werde, du wirst
		facti sunt	sie wurden / sind geworden[1]

Die Stammformen der wichtigsten Deponentien und Semideponentien enthält Tabelle 9.3.

[1]) fio wird im Präsensstamm wie audio konjugiert (Ausnahmen: fieri, fierem, -s …); im Perfektbereich begegnen die entsprechenden Passiv-Formen von facere: factus sum: ich wurde, facti eramus: wir waren geworden.

4 Verwendung der Modi

1 Indikativ

Wie i. D. ist der Indikativ i. L. der Modus der Wirklichkeit.
Als „wirklich" werden i. L. auch Sachverhalte aufgefasst, die möglich oder nötig sind oder waren, und solche, die fast eingetreten wären.

⚠ Wenn etwas geschehen **könn**te oder **soll**te oder **beinahe** geschähe, steht darum i. L. meist der Indikativ, im Deutschen aber Konjunktiv:

Multa de his rebus dicere **possum**.	Darüber **könnte** ich noch viel sagen. (= Ich kann es, tue es aber nicht.)
Sed iam dudum me tacere **oportebat**.	Doch ich **hätte** schon längst schweigen **sollen**.
Paene diutius **narravi**.	Beinahe **hätte ich** zu lange **erzählt**.

2 Imperativ

2.1 Der Imperativ I wird i. L. wie i. D. verwendet. Formal betrachtet stellt er in beiden Sprachen einen „Ein-Wort-Satz" dar, d.h. die Form des Imperativs umfasst Subjekt und Prädikat:

Veni!	Komm!

2.2 Der Imperativ II drückt aus, dass ein Gebot oder Verbot auf Dauer gelten soll:

Alterum adiuvato!	Du sollst deinem Nächsten helfen!
Ne necato!	Du sollst nicht töten!
Homo hominem amato!	Der Mensch soll seinen Mitmenschen lieben!

3 Konjunktive im Hauptsatz

3.1 Mit dem Konjunktiv Präsens können Wünsche, Aufforderungen und Befehle sowie unsichere / vorsichtige Fragen und Aussagen formuliert werden:

Oremus!	Wollen wir beten / Lasst uns beten / Beten wir! (*Aufforderung* an die 1. P., nur im Pl.)
Maneas / Maneatis!	Bleib / Bleibt bitte! (*höfliche Bitte*, 2. P. Sg. und Pl.)
Utinam maneas!	Hoffentlich bleibst du da! (*erfüllbarer Wunsch*)
Taceat!	Er soll schweigen! (*barscher Befehl*, 3. P. Sg. und Pl.)
Quid faciam?	Was soll ich tun? (*überlegende Frage*)
Quis hoc credat?	Wer wird das wohl glauben?
Hoc nemo credat.	Das dürfte niemand glauben. (*vorsichtige Frage* / *Aussage*, sog. Potentialis)

3.2 Der Konjunktiv Imperfekt und Plusquamperfekt bezeichnet als Irrealis der Gegenwart bzw. der Vergangenheit Unwirkliches und Unerfüllbares:

Hoc ego numquam	facerem.	Das täte ich nie / **würde** ich nie tun.
	fecissem.	Das **hätte** ich nie getan.
Utinam ne hoc	crederes! / credidisses!	Wenn du das nur nicht glaubtest! / geglaubt hättest.

Seltene Sonderfälle:

Quis hoc crederet?	Wer **hätte** das geglaubt?
Quid tunc facerem?	Was **hätte** ich damals tun **sollen**?

3.3 Der Konjunktiv Perfekt drückt manchmal (wie der Konjunktiv Präsens) eine vorsichtige Annahme aus:

Dixerit (= dicat) aliquis …	Es mag / kann vielleicht / wird wohl jemand sagen …

Häufig ist er im verneinten Befehl:

Ne desperaveris / desperaveritis!	Verzweifle / Verzweifelt nicht!

4 Konjunktive in Gliedsätzen

Nach bestimmten Bindewörtern (ut, ne, cum u.a.) sowie in abhängigen (indirekten) Fragen erscheint i. L. der Konjunktiv.
Bei der Übersetzung braucht er i.d.R. nicht berücksichtigt zu werden:

①	Te rogo,	ut me adiuves.	Ich bitte dich	mir **zu** helfen.
		ne me deseras.		mich nicht **zu** verlassen.
②		cum auxilio egeam.	,	weil ich Hilfe brauche.
③		cur taceas.	Ich frage dich,	warum du schweigst.
④		ubi fueris.	,	wo du warst. (*indirekte Fragen*)
⑤	Periculum tantum est,	ut timeam.	Die Gefahr ist so groß, dass ich mich fürchte. (*Folgesatz / Konsekutivsatz*)	
⑥	Auxilio egeo,	ne peream.	Ich brauche Hilfe, **damit** ich nicht umkomme. (*Absichtssatz / Finalsatz*)	

5 Zeitverhältnisse

Stehen, wie in den Beispielen von 4, die Hauptsatzprädikate im Präsens (oder Futur), dann drückt der Konjunktiv Präsens aus, dass das im Gliedsatz Ausgesagte gleichzeitig geschieht (②, ③, ④) bzw. in naher Zukunft (①, ⑥) geschehen soll oder kann.
Der Konjunktiv Perfekt dagegen weist darauf hin, dass das im Gliedsatz Ausgesagte gegenüber dem Hauptsatzprädikat „vorzeitig" ist ④.

Steht das Hauptsatzprädikat in einem Tempus der Vergangenheit, wird

Gleichzeitigkeit mit dem Konjunktiv Imperfekt,
Vorzeitigkeit mit dem Konjunktiv Plusquamperfekt ausgedrückt:

Te rogavi, cum auxilio ege**re**m.	Ich bat dich, weil ich Hilfe brauchte.
Cum me adiuv**isse**s, gratus eram.	Als du mir geholfen hattest, war ich dankbar.

6 Bedingungssätze (Kondizionalsätze)

In Satzgefügen, die ein **wenn – dann**-Verhältnis ausdrücken (Signale i. L.: si, nisi u.a.), erscheinen die Konjunktive des Imperfekts und Plusquamperfekts als Irrealis der Gegenwart und der Vergangenheit:

Si hoc fec**isses**, te reprehend**erem**.	Wenn du das getan **hättest**, **würde** ich dich tadeln.

5 Verwendung der Tempora

1 Präsens, Futur, Plusquamperfekt

Hinsichtlich der Verwendung von Präsens, Futur und Plusquamperfekt stimmen das Lateinische und das Deutsche weitgehend überein.
Allerdings wird man nicht jedes lateinische Futur wörtlich wiedergeben:

Donec **eris** felix, multos numera**bis** amicos.	Solange du glücklich **bist**, **hast** du viele Freunde (wirst du … haben).

2 Futur exact

Das Futur exact übersetzt man mit Präsens oder Perfekt:

Cum hoc leg**eris**, stupebis.	Wenn du das **liest / gelesen hast**, wirst du staunen.

3 Imperfekt und Perfekt

Das lateinische Imperfekt bezeichnet Handlungen und Vorgänge,

- die sich in der Vergangenheit wiederholten,
- die eben begannen oder noch andauerten, als ein bestimmtes Ereignis eintrat,
- die versucht, aber nicht ausgeführt wurden.

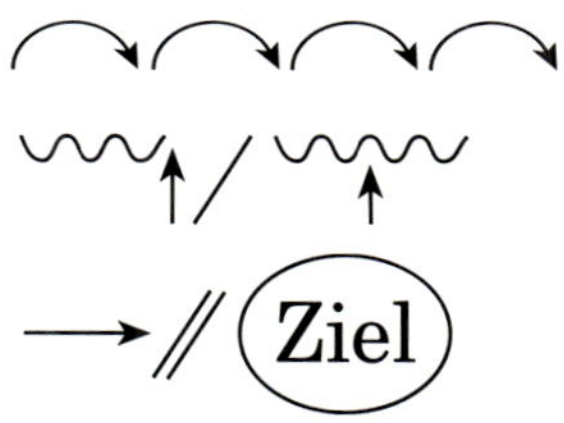

Das Imperfekt wird i.d.R. mit deutschem Präteritum wiedergegeben; oft legt der Kontext es nahe, den Sachverhalt durch passende Zusätze zu verdeutlichen:

Helvetii flumen transi**bant**, cum Caesar advenit.	Die Helvetier **waren dabei** den Fluss zu überqueren, als Cäsar erschien.
Helvetii flumen transi**bant**, sed a militibus Romanis prohibiti sunt.	Die Helvetier **versuchten** den Fluss zu überqueren, wurden aber von den römischen Soldaten daran gehindert.

Dem Perfekt als Erzähltempus („historisches Perfekt“) entspricht das deutsche Präteritum:

Hannibal Romanos ad Cannas vicit.	Hannibal schlug die Römer bei Cannae.

In wörtlicher Rede und bei der Feststellung von Ergebnissen steht auch im Deutschen das Perfekt:

Quotiens hoc dixi!	Wie oft hab' ich das schon gesagt!
Nunc servati sumus.	Nun sind wir gerettet.

Der Bezirk des Nomens

6 Deklination der Nomina

1 Die fünf Kasus (Fälle)

Vier Kasus des Lateinischen haben eine Entsprechung im Deutschen:

Nominativ	(1. Fall, Wer-Fall)	pater	der / ein Vater
Genitiv	(2. Fall, Wes-Fall)	patris	des / eines Vaters
Dativ	(3. Fall, Wem-Fall)	patri	dem / einem Vater
Akkusativ	(4. Fall, Wen-Fall)	patrem	den / einen Vater
Der fünfte Fall, der Ablativ, bleibt ohne direkte Entsprechung (↗ 8.6):		sine patre	ohne den / einen Vater

2 Die Deklinationen

Nomina werden i. L. dekliniert, indem an ihren Stamm Endungen treten und zum Teil mit dessen Auslaut verschmelzen. Ähnlich wie bei den Verben gibt es Vokal- (a, e, i, o, u) und Konsonantenstämme. Die Endungen unterscheiden sich bei den einzelnen Deklinationen nach Lautbild und Funktion zum Teil erheblich voneinander; es ist daher für die Formenbestimmung wichtig zu wissen, nach welcher Deklination ein Nomen gebeugt wird:
Das Wort pater gehört zur Konsonantischen Deklination (Stamm: patr-); hier bezeichnet die Endung -i den Dativ Singular (dem Vater);
das Wort filius dagegen gehört zur o-Deklination; hier ist der Ausgang -i nicht eindeutig:
Die Form filii kann Genitiv Singular (des Sohns) oder Nominativ Plural (die Söhne) sein.

3 Deklination der Substantive

3.1 a-Deklination (ausführliches Deklinationsschema als Modell)

Singular	f			
Nominativ	via	der Weg	die Straße	das Mittel (ein Weg, eine …)
Genitiv	viae	des Wegs	der Straße	des Mittels
Dativ	viae	dem Weg	der Straße	dem Mittel
Akkusativ	viam	den Weg	die Straße	das Mittel
Ablativ	(de via	von dem Weg)		
Plural				
N.	viae	die Wege / Straßen / Mittel		
G.	viarum	der Wege / Straßen / Mittel		
D.	viis	den Wegen / Straßen / Mitteln		
Akk.	vias	die Wege / Straßen / Mittel		
Abl.	(de viis	von den Wegen)		

	3.2 o-Deklination		3.3 e-Deklination	3.4 u-Deklination
	m	n	f	m
	deus der Gott	templum der Tempel	res die Sache	casus der Fall
Sg.				
N.	deus	templum	res	casus
G.	dei	templi	rei	casus
D.	deo	templo	rei	casui
Akk.	deum	templum	rem	casum
Abl.	(de deo	templo	re	casu)
Pl.				
N.	dei	templa	res	casus
G.	deorum	templorum	rerum	casuum
D.	deis	templis	rebus	casibus
Akk.	deos	templa	res	casus
Abl.	(de deis[1]	templis	rebus	casibus)

	3.5 i-Deklination	3.6 Konsonantische Deklination		3.7 Misch-Deklination
	f	m	n	f
	turris der Turm	victor der Sieger	corpus der Körper	urbs die Stadt
Sg.				
N.	turris	victor	corpus	urbs
G.	turris	victoris	corporis	urbis
D.	turri	victori	corpori	urbi
Akk.	turrim	victorem	corpus	urbem
Abl.	(de turri	victore	corpore	urbe)
Pl.				
N.	turres	victores	corpora	urbes
G.	turrium	victorum	corporum	urbium
D.	turribus	victoribus	corporibus	urbibus
Akk.	turres (-is)	victores	corpora	urbes (-is)
Abl.	(de turribus[2]	victoribus[3]	corporibus	urbibus)

[1]) Substantive der o-Deklination auf -us haben im Singular eine eigene Anredeform (Vokativ): Ubi es, Marce? Wo bist du, Marcus? Überall sonst unterscheidet sich der Vokativ nicht vom Nominativ.
Zur o-Deklination gehören einige im Nominativ Singular endungslose Substantive wie puer (Junge), vir (Mann), ager (Acker).
Sie werden in den übrigen Kasus genau wie die Substantive auf -us dekliniert:
pueri, puero …, viri, viro …, agri, agro …

[2]) Zur i-Deklination gehören auch einige Neutra, z.B. mare (das Meer), animal (das Lebewesen); sie haben in Sg. und Pl. nur je drei verschiedene Formen:

	Sg.	Pl.	Sg.	Pl.
N./Akk.	mare	maria	animal	animalia
G.	maris	marium	animalis	animalium
D./Abl.	mari	maribus	animali	animalibus

[3]) Die Substantive der Konsonantischen Deklination stellen sich im Nominativ Singular sehr unterschiedlich dar, z.B. rex, homo, aetas, hiems, virtus, agmen, corpus, doch an ihre im Genitiv Singular deutlich erkennbaren Stämme treten dieselben Endungen wie bei victor bzw. corpus (Neutrum): reg-is, homin-is, aetat-is, hiem-is, virtut-is, agmin-is, corpor-is.

Die beiden Endungssysteme der Konsonantischen Deklination für Masculinum / Femininum und für das Neutrum unterscheiden sich nur im Akkusativ Singular und im Nominativ / Akkusativ Plural:

Sg.	m/f		n	Pl.	m/f		n
N.	(?)		(?)		-es		-a
G.		-is				-um	
D.		-i				-ibus	
Akk.	-em		(~ N.)		-es		-a
Abl.		-e				-ibus	

4 Adjektive

4.1 Adjektive der a- / o-Deklination, z.B.:

bonus, bona, bonum	(gut)
liber, libera, liberum	(frei)
pulcher, pulchra, pulchrum	(schön)

werden wie die entsprechenden Substantive dekliniert (↗ 6.3.1; 3.2).

4.2 Die wenigen Adjektive der Konsonantischen Deklination, z.B.:

dives	(reich)	vetus	(alt)	pauper	(arm)
divit-is		veter-is		pauper-is	

haben im Nominativ Singular nur **eine** Form für alle drei Genera.

4.3 Die Adjektive der i-Deklination werden nach ihrem Formenbestand im Nominativ Singular in drei Gruppen eingeteilt:

	„dreiendige“			„zweiendige“			„einendige“	
Sg.	m	f	n	m	f	n	m f n	
N.	acer	acris	acre (scharf)	turpis		turpe (hässlich)	atrox (schrecklich)	
G.		acris			turpis		atrocis	
D./Abl.		acri			turpi		atroci	
Akk.	acrem		acre	turpem		turpe	atrocem	atrox
Pl.								
N./Akk.	acres		acria	turpes		turpia	atroces	atrocia
G.		acrium			turpium			atrocium
D./Abl.		acribus			turpibus			atrocibus

4.4 Komparation (Steigerung) der Adjektive

Positiv (Grundstufe)	Komparativ (Vergleichsstufe)			Superlativ (Höchststufe)			
long us / -a -um	long	ior[1] -ius	länger recht lang	long	issim	us / -a -um	der / die längste das
turp is -e	turp	ior -ius	hässlicher	turp	issim	us / -a -um	am hässlichsten
miser misera -um	miser	ior -ius	elender	miser	rim	us / -a -um	ganz elend todunglücklich
acer acr is -e	acr	ior -ius	schärfer	acer	rim	us / -a -um	sehr scharf, messerscharf[2]

⚠ puella pulcherrima < das schönste Mädchen / ein sehr schönes / wunderschönes Mädchen[2]

4.5 Unregelmäßige Komparation

Wie i. D. bilden auch im Lateinischen einige Adjektive ihre Steigerungsformen von verschiedenen Stämmen. Dekliniert werden sie regelmäßig:

bonus	melior	optimus	gut	besser	am besten / sehr gut
malus	peior	pessimus	schlecht	schlechter	am schlechtesten
magnus	maior	maximus	groß	größer	am größten
parvus	minor	minimus	klein	kleiner	am kleinsten
multum	plus	plurimum	viel	mehr	am meisten
multi	plures	plurimi	viele	mehr	die meisten

5 Pronomina

5.1 Personal-Pronomina (Persönliche Fürwörter)

	Sg.						Pl.				
	1. Person		2. Person		3. Person		1. Person		2. Person		3. Person
N.	ego	ich	tu	du[3]			nos	wir	vos	ihr	
G.	mei	meiner	tui	deiner	sui	seiner / ihrer	nostri	unser	vestri	euer[5]	wie Sg.
D.	mihi	mir	tibi	dir	sibi	sich	nobis	uns	vobis	euch	
Akk.	me	mich	te	dich	se	sich	nos	uns	vos	euch	
Abl.	(de) me / mecum	von mir / mit mir	(de) te / … tecum		(de) se / … secum[4]		(de) nobis / … nobiscum		(de) vobis / … vobiscum		

1) Komparative werden nach der Konsonantischen Deklination gebeugt (↗ 6.3.6 victor, corpus). Ist nicht gesagt, womit verglichen wird, gibt man die durch den Komparativ ausgedrückte Abweichung vom Normalfall durch „recht, ziemlich, zu" an: Hic gladius acrior est: Dieses Schwert ist ziemlich scharf.

2) Der lateinische Superlativ kann ebenso den **höchsten** Grad einer Eigenschaft wie einen **sehr hohen** bezeichnen.

3) Als Personal-Pronomen der 3. Person (er, sie, es) dient das Demonstrativ-Pronomen is, ea, id (↗ 6.5.3).

4) Wie i. D. wird auch i. L. nur in der 3. Person Singular / Plural durch verschiedene Pronomina ausgedrückt, ob das Denken und Handeln eines Subjekts dieses selbst oder einen anderen betrifft:
Er schadet sich (selbst): Nocet sibi (Reflexiv-Pronomen / Rückbezügliches Fürwort)

5) Nur als Teilungs-Genitive verwendet werden die Formen nostrum / vestrum: quis nostrum? wer von uns? nemo vestrum keiner von euch.

5.2 Possessiv-Pronomina (Besitzanzeigende Fürwörter)

	Sg.				Pl.			
1. P.	meus,	mea,	meum	mein	noster,	nostra,	nostrum	unser
2. P.	tuus,	tua,	tuum	dein	vester,	vestra,	vestrum	euer
3. P.	suus,	sua,	suum	sein, ihr	suus,	sua,	suum	ihr

Die Possessiv-Pronomina werden wie Adjektive der a- / o-Deklination gebeugt. Suus wird nur reflexiv (d.h. bezogen auf das übergeordnete Subjekt) gebraucht; als Ersatz für das nicht-reflexive Possessiv-Pronomen der 3. Person dienen Genitive von is, ea, id (↗ 6.5.3).

5.3 Demonstrativ-Pronomina (Hinweisende Fürwörter)

Sg.	N.	is	ea	id	dieser	diese	dieses	(er, sie, es)
	G.		eius		dieses	dieser	dieses	(dessen, deren – seiner, ihrer)
	D.		ei		diesem	dieser	diesem	(ihm, ihr)
	Akk.	eum	eam	id	diesen	diese	dieses	(ihn, sie, es)

(alle weiteren Formen: e (i) + Endungen der a- / o-Deklination)

Sg.	N.	idem	eadem	idem	derselbe, dieselbe, dasselbe
	G.		eiusdem		desselben, derselben, desselben
	D.		eidem		demselben …
	Akk.	eundem	eandem	idem	

(alle weiteren Formen sind in der Weise gebildet, dass an die Formen von is, ea, id die Nachsilbe -dem tritt, vor der m zu n wird.)

Sg.	N.	hic	haec	hoc	dieser, diese, dieses
	G.		huius		dieses, dieser, dieses / dessen, deren
	D.		huic		diesem, dieser, diesem
	Akk.	hunc	hanc	hoc	diesen, diese, dieses
	Abl.	hoc	hac	hoc	
Pl.	N.	hi	hae	haec	diese
	G.	horum	…		

(alle weiteren Formen: h + Endungen der a- / o-Deklination)

Bei ille (jener – n: illud), iste (der da; dieser dein – n: istud) und ipse (selbst, persönlich) sind nur diese Formen ungewöhnlich; der Genitiv und Dativ wird wie bei den meisten Pronomina mit -ius und -i gebildet, im Übrigen folgen sie der a- / o-Deklination.

Zur Übersetzung der Demonstrativ-Pronomina:

is ea id weist auf eine bereits genannte Person oder Sache (dieser, der, er); die Genitive eius (sein / ihr) und eorum / earum (ihr) dienen oft als Ersatz eines nicht-reflexiven Possessiv-Pronomens.

hic haec hoc weist auf Eigenes, Nahes, Folgendes:

haec urbs	diese meine (unsere) Stadt
hoc tempore	in der heutigen Zeit
haec dixit	er sagte Folgendes

ille illa illud	weist auf Fernes, Vergangenes sowie auf berühmte oder berüchtigte Personen, Aussprüche, Ereignisse:

illis temporibus	in jenen (alten) Zeiten
Catilina ille	jener (berüchtigte) Catilina
illud Catonis	jenes (berühmte) Wort Catos

5.4 „Mehrzweck-Pronomina"

Im Folgenden sind Pronomina zusammengefasst, die – bei weitgehend gleicher Form – verschiedene Aufgaben erfüllen:

Interrogativ-Pronomina	(z.B.: **wer** / **welcher** Junge steht dort? > **quis** / **qui**)
Relativ-Pronomina	(z.B.: Der Junge, **der** / **welcher** dort steht, heißt Tim > **qui**)
Indefinit-Pronomina	(z.B.: Wenn **wer** / **jemand** / **irgendein** Lehrer … > **quis** / **qui**):

	Substantivisch				adjektivisch			
Sg. N.	quis	quid	wer	was[1]	qui	quae	quod	welcher, welche, welches/ der, die, das[1]
G.	cuius		wessen			cuius		
D.	cui		wem			cui		
Akk.	quem	quid	wen	was	quem	quam	quod	
Abl.	a quo		von wem		quo	qua	quo	
Pl. N.					qui	quae	quae	
G.					quorum … (weitere Formen vom Stamm qu- mit Endungen der a- / o-Deklination; Dat. / Abl. quibus)			

Da qui, quae, quod als Interrogativ-, Indefinit- und Relativ-Pronomen begegnen kann, müssen gleich aussehende Formen im Deutschen u.U. verschieden wiedergegeben werden, z.B.:

① **Cui** virgini tam pulchra dona das? *(Interrogativ-Pronomen)*	**Welcher** jungen Frau machst du so schöne Geschenke?
② Virgo, **cui** haec dona do, est Iulia. *(Relativ-Pronomen)*	Die junge Frau, **der** (**welcher**) ich diese Geschenke mache, ist Julia.
③ Pulchritudo **cuius** virginis tanta est? *(Interrogativ-Pronomen)*	Die Schönheit **welcher** jungen Frau / **welches** Mädchens ist so groß?
④ „Mihi nonnulla virgo nota est, **cuius** forma pulchrior est quam Iuliae." *(Relativ-Pronomen)*	„Ich kenne manche junge Frau / manches Mädchen, **deren** / **dessen** Figur hübscher ist als (die) von Julia."
⑤ Si **cuius** virginis forma pulchrior est, *(Indefinit-Pronomen)* monstra mihi hoc miraculum!	Wenn die Figur **irgendeines** Mädchens schöner ist, dann zeige mir dieses Wunder!

[1]) quis / quid und qui, qua(e), quod können, wie bereits gezeigt, auch als indefinite (unbestimmte) Pronomina (wer, jemand, irgendeiner, irgendein) verwendet werden. Im N. Sg. f und im N. Pl. n ist bei dieser Verwendungsweise die Form qua häufiger als quae. Signale, die auf indefinite Verwendung hinweisen, sind die Konjunktionen si, nisi, ne, num, quo, quanto, cum.

Entsprechend wird im Genitiv Plural ein relativ verwendetes quorum / quarum mit ‚deren', ein fragendes mit ‚welcher', ein indefinites mit ‚irgendwelcher' übersetzt:

① Amici, quorum voces audio …	Die Freunde, deren Stimmen ich höre …
② Quorum hominum voces audis?	Welcher Leute Stimmen hörst du?
③ … si quorum hominum voces audis …	…wenn du auf die Reden irgendwelcher Leute hörst …

5.5 Zusammenrückungen mit quis:

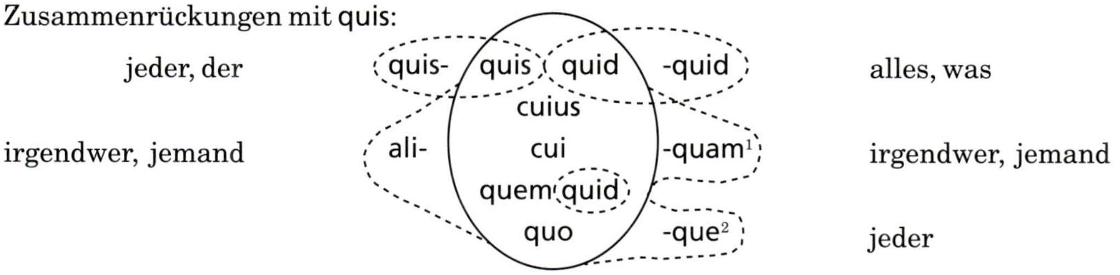

5.6 Zusammenrückungen mit qui:

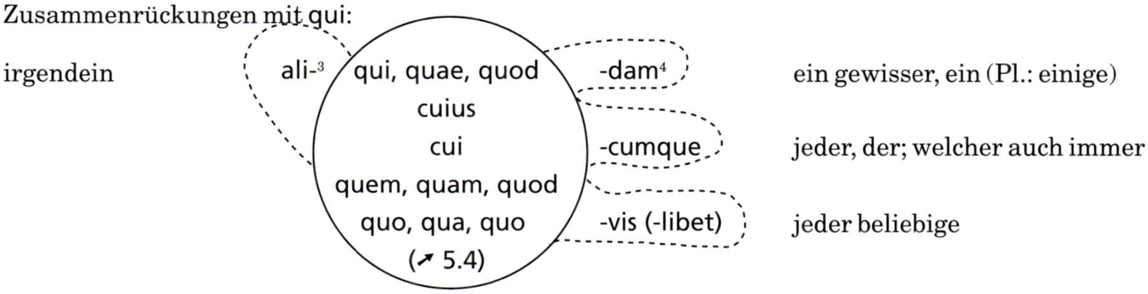

5.7 Pronominal-Adjektive und Verwandtes

Eine Mittelstellung zwischen Pronomina und Zahlen (↗ 6.6) nehmen die folgenden Wörter ein:

unus, -a, -um	einer, einzig	solus, -a, -um	allein
nullus	kein(er)	ullus	irgendein
alius, -a, -ud	ein anderer	totus	ganz, gesamt
alter, altera, alterum	der andere (von zweien)	neuter, neutra, neutrum	keiner (von zweien)
uter, utra, utrum	welcher (von zweien)	uterque, utraque, utrumque	jeder (von zweien), beide

Sie alle enden im Genitiv Singular auf -ius, im Dativ auf -i.

Aufzählungen mit alius und Gegenüberstellungen mit alter:

⚠

Alii ludunt, alii canunt, alii bibunt.	Die einen spielen, andere singen, wieder andere trinken.
Homerus et Vergilius clari sunt; alter poeta Graecus, alter Romanus fuit.	Homer und Vergil sind berühmt; der eine war ein griechischer, der andere ein römischer Dichter.

Nemo (niemand; Dat.: nemini, Akk.: neminem) und nihil (nichts; Nom. und Akk.) ersetzen fehlende Kasus durch Formen von nullus bzw. nulla res: a nullo: von keinem, von niemandem nulla re: durch nichts.

[1]) Neben quidquam kommt auch quicquam vor.

[2]) quisque bildet auch adjektivisch gebrauchte Formen des Femininums und Neutrums: quaeque, quamque (jede), quodque (jedes). Dieses Pronomen schließt sich an bestimmte Wortarten an, v.a. an Reflexiv-Pronomina (Se quisque amat: Jeder liebt sich selbst. – Suum cuique: Jedem das Seine.), Relativa (Quam quisque puellam amat, pulchram putat: Jeder hält das Mädchen, das er gern hat, für hübsch.) und Superlative (optimus quisque: „jeder Beste" → gerade die Besten). Außerdem kann es sich mit unus (↗ 6.6) verbinden: unusquisque: jeder Einzelne, unumquemque: jeden Einzelnen.

[3]) In Verbindung mit ali- kommt aliqua neben aliquae vor; mit aliqui bedeutungsgleich ist ullus irgendein (↗ 6.5.7).

[4]) Bei quidam wird, wie bei idem (↗ 6.5.3), vor -d- m zu n: quendam, quandam, quorundam, quarundam.

⚠ In Verbindungen von **nemo, nullus, nihil** mit **non** hängt die Bedeutung des gesamten Ausdrucks von der Wortfolge ab:

non nemo	(„nicht keiner")	manch einer	nemo non	(„keiner nicht")	jeder
non nihil		manches	nihil non		alles
nonnulli		einige			

entsprechend auch bei Verbindungen mit Adverbien (↗ 7.1):

nonnumquam	(„nicht nie")	manchmal	numquam non	(„nie nicht")	immer

Die Adjektive **quantus** (wie groß), **qualis** (wie beschaffen) und das undeklinierbare **quot** (wie viele) können fragend oder in Wechselbeziehung mit einem „demonstrativen" Partner verwendet werden:

Quantus erat leo, de quo narras?	Wie groß war der Löwe, von dem du redest?
Tantus, quantus ille Nemaeus!	So groß, **wie** jener berühmte von Nemea.

6 Zahlen

Wie i. D. gibt es auch i. L. Grundzahlen, die eine Menge angeben, z.B. drei, und Ordnungszahlen, die den Platz in einer Abfolge bestimmen, z.B. der dritte.

	Zahlzeichen	Grundzahlen	Ordnungszahlen	Z	G	O
1	1 I	unus, -a, -um[1]	primus[2]	6 VI	sex	sextus
	2 II	duo, duae, duo[1]	secundus	7 VII	septem	septimus
bis	3 III	tres, tres, tria[1]	tertius	8 VIII	octo	octavus
	4 IV	quattuor	quartus	9 IX	novem	nonus
10	5 V	quinque	quintus	10 X	decem	decimus
	11 XI	undecim	undecimus	30 XXX	triginta	tricesimus
11	12 XII	duodecim	duodecimus	40 XL	quadraginta	quadragesimus
	13 XIII	tredecim	tertius decimus	50 L	quinquaginta	quinquagesimus
bis	14 XIV	quattuordecim	quartus …	60 LX	sexaginta	sexagesimus
	15 XV	quindecim	quintus …	70 LXX	septuaginta	septuagesimus
100	16 XVI	sedecim	sextus …	80 LXXX	octoginta	octogesimus
	17 XVII	septendecim	septimus …	90 XC	nonaginta	nonagesimus
	18 XVIII	duodeviginti	duodevicesimus	100 C	centum	centesimus
⚠	19 XIX	undeviginti	undevicesimus			
	20 XX	viginti	vicesimus			
	200 CC	ducenti, -ae, -a[2]	ducentesimus	1000 M	mille	millesimus
200	300 CCC	trecenti	trecentesimus	2000 MM	duo milia[3]	
	400 CD	quadringenti	quadringentesimus	3000 MMM	tria milia	
bis	500 D	quingenti	quingentesimus			
	600 DC	sescenti	sescentesimus			
3000	700 DCC	septingenti	septingentesimus			
	800 DCCC	octingenti	octingentesimus			
	900 CM	nongenti	nongentesimus			

[1]) unus ↗ 6.5.7; duo, duae, duo / duorum, duarum / duobus, duabus / duos, duas, duo; tres, tria / trium / tribus (↗ 6.4.3 Adj. der i-Deklination)
[2]) Alle Ordnungszahlen und die Hunderter von 200 – 900 werden wie Adjektive der a- / o-Deklination gebeugt (↗ 6.4.2).
[3]) Tausender ab 2000 werden mit Grundzahlen ab duo und dem Neutrum Plural milia (milium, milibus) zusammengesetzt. Was gezählt wird, erscheint im Genitiv: quinque milia hominum fünftausend Menschen.

Anders als i. D. werden i. L. bei Jahresangaben Ordnungszahlen verwendet:
anno p. Chr. n. millesimo quadringentesimo nonagesimo secundo 1492 n. Chr.

7 Unveränderliche Wörter

1 Adverbien

Adverbien („Umstandswörter") können eine Zeit- oder Ortsbestimmung ausdrücken (nunc: nun, jetzt; ibi: dort), einen Grund angeben (ideo: deshalb) oder die Art und Weise bezeichnen, wie etwas geschieht (cito: schnell).
Neben „echten" Adverbien (z.B. nunc) gibt es zum Adverb erstarrte Kasusformen (z.B.: hodie: heute, aus hoc die) sowie von Adjektiven abgeleitete Adverbien:

D	L	E
Marcus ist vorsichtig. Er antwortet vorsichtig.	Marcus prudens est. Prudenter respondet.	Marc is prudent. He answers prudently.

Im Gegensatz zum Deutschen, aber ähnlich wie im Englischen, haben solche abgeleiteten Adverbien eigene Endungen:

Dekl.	Adjektive	Positiv	Komparativ	Superlativ
a- / o-	longus	long-e	long-ius	longissim-e
	pulcher	pulchr-e	pulchr-ius	pulcherrim-e
i-	constans	constant-er	constant-ius	constantissim-e
	acer	acr-iter	acr-ius	acerrim-e

2 Präpositionen

Präpositionen (Umstandswörter) werden i. L. entweder mit dem Akkusativ oder mit dem Ablativ verbunden, z.B.:

① Apud amicos sum.	Ich bin bei Freunden.
② Cum amicis venio.	Ich komme mit Freunden.

Nur die Präpositionen in (in, an, auf, nach) und sub (unter) können, ähnlich wie in und unter i. D. mit verschiedenen Kasus verbunden sein.
Der Akkusativ gibt dann eine Richtung an (wohin?), der Ablativ gibt den Ort an, wo etwas ist oder geschieht:

In urbem iter facio.	In urbe habito.
Ich reise in die Stadt.	Ich lebe in der Stadt.
→ ●	[●]

8 Verwendung der Kasus

Die Kasus erfüllen im Rahmen des Satzes eine wichtige Aufgabe; sie erst machen es möglich, dass der Satz als ein stimmiger Zusammenhang mit einer sinnvollen Aussage funktioniert.
An den Ausgängen der Nomina zeigt sich, in welcher Weise sie vom Satzzentrum, dem Prädikat, abhängig sind oder in welchem Verhältnis sie zueinander stehen. Im *Satzmodell* lässt sich das so verdeutlichen:

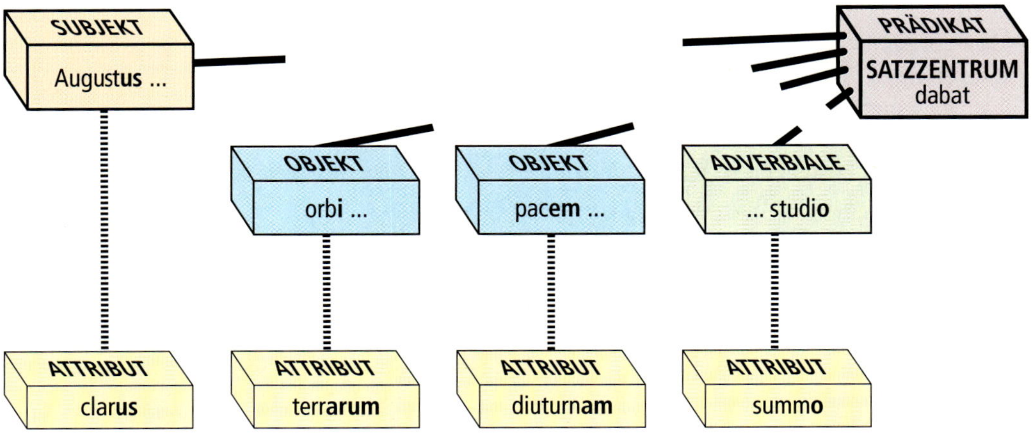

Die Kasus der Nomina zeigen also an, welche Position sie im Satz innehaben, d.h. welche **syntaktische Funktion** sie auf das Prädikat (hier: dabat) hin erfüllen. Die Kasusausgänge signalisieren:

1. Wer oder was den Vorgang vollzieht oder vom Vorgang betroffen ist: **SUBJEKT**
2. An wem oder für wen jemand den Vorgang vollzieht oder der Vorgang vollzogen wird: **OBJEKT**
3. Unter welchen Umständen der Vorgang vollzogen wird: **ADVERBIALE**
4. Welche erweiternden Bestimmungen zu den einzelnen Satzgliedern hinzugefügt sind: **ATTRIBUTE**

Die Kasus sind an den Positionen, die sie im Satz einnehmen, jeweils auch Träger von Sinn und Bedeutung; sie geben also auch eine Sinnrichtung an. Sie haben auch eine **semantische Funktion**.

1 Nominativ

Der Nominativ fungiert im Satz als **Subjekt**, **Prädikatsnomen**, **Prädikativum** oder als **Attribut**.

VERWENDUNG IM SATZMODELL

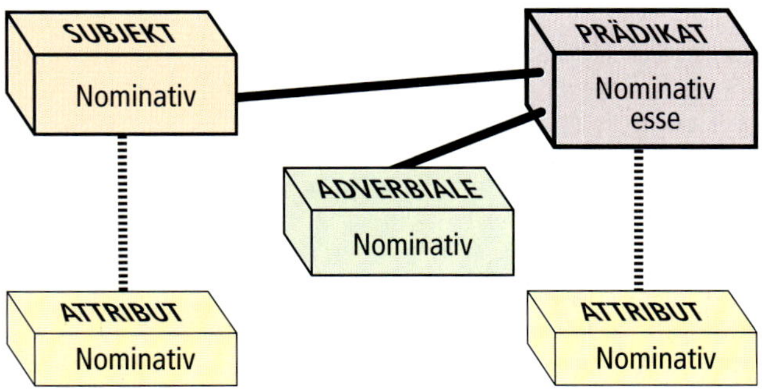

VERWENDUNGSHÄUFIGKEIT

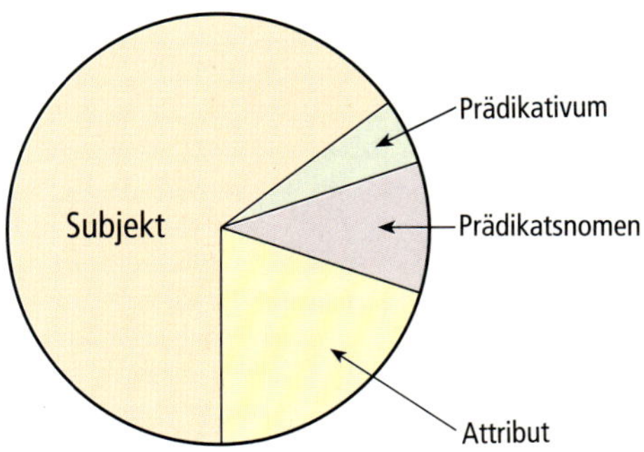

Der Nominativ benennt:

1.1 als 

die **handelnde** oder **von einer Handlung betroffene Person** sowie die **Sache, über die etwas ausgesagt wird**:

Romani vicerunt / victi sunt. **Imperium Romanum** auctum est.	**Die Römer** siegten / wurden besiegt. **Das Römische Reich** wurde vergrößert.

1.2 als 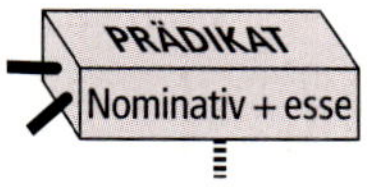

in Gestalt des **Prädikatsnomens** in Verbindung mit der Copula **esse** die **Beschaffenheit** (als Adjektiv) oder die **Aufgabe / Leistung** des Subjektes (als Substantiv):

Romani **potentes / imperatores / victores** erant.	Die Römer waren **mächtig / Herrscher / Sieger**.

1.3 als 

in der Gestalt des **Prädikativums** den **Zustand** des Subjektes bei einer Handlung:

Adulescentes **laeti / salvi** redierunt.	Die jungen Leute kehrten **froh / wohlbehalten** zurück.

1.4 als 

die **Beschaffenheit** des Subjektes oder eines substantivischen Prädikatsnomens:

Oratores **Romani** valde celebrabantur. Cicero orator **maximus** erat.	**Römische** Redner wurden sehr gefeiert. Cicero war ein **sehr großer** Redner.

2 Genitiv

Der Genitiv fungiert im Satz vornehmlich als **Attribut**, seltener als **Prädikatsnomen** oder **Objekt.**

VERWENDUNG IM SATZMODELL

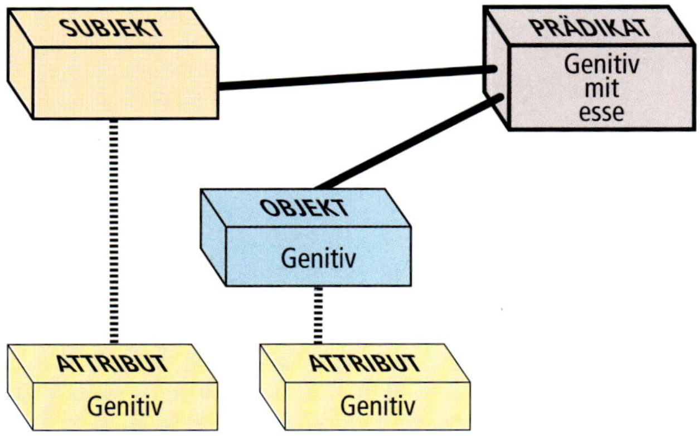

VERWENDUNGSHÄUFIGKEIT

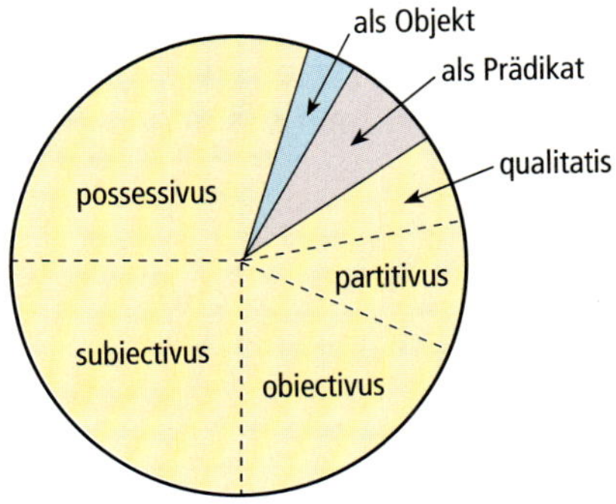

2.1 Als 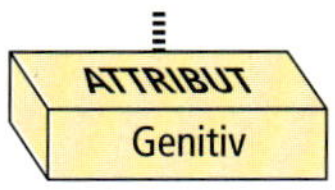

drückt der Genitiv aus:

1. die Zugehörigkeit (Genitivus possessivus):

civitas **Atheniensium**	der Staat **der Athener**

2. die Person, die „in Tätigkeit" ist (Genitivus subiectivus):

timor **Germanorum**	die Furcht **der Germanen**

3. die Person oder Sache, auf die eine Tätigkeit gerichtet ist (Genitivus obiectivus):

timor **Germanorum**	die Furcht **vor den Germanen**

4. die Teilung (Genitivus partitivus):

magna pars **hominum**	ein großer Teil **der Menschen**
satis **laudis**	genug **an Anerkennung**
nihil **pecuniae**	kein **Geld**

5. die Beschaffenheit (Genitivus qualitatis):

puer **magnae virtutis**	ein Junge **von großer Tapferkeit**

2.2 Als 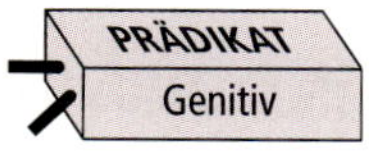

drückt der Genitiv in Verbindung mit der Copula esse aus:

1. das Eigentum oder die einer Person zukommende Verpflichtung (Genitivus possessivus):

Hoc oppidum **Gallorum** erat.	Diese Stadt gehörte **den Galliern**.
Hominis est miseris auxilium ferre.	**Es ist Zeichen / Aufgabe / Pflicht des Menschen,** Unglücklichen Hilfe zu leisten.

2. die Beschaffenheit (Genitivus qualitatis):

Hoc iter **magni laboris** est.	Diese Reise ist sehr beschwerlich **(von großer Beschwernis).**

3. den Preis (Genitivus pretii):

Vita haud **parvi** est.	Das Leben ist nicht **wenig wert**.

2.3 Als 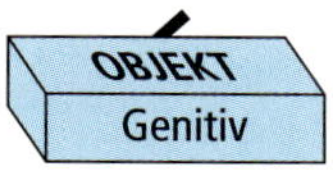

drückt der Genitiv die inhaltliche Ergänzung aus:

1. bei Verben des Erinnerns und unpersönlichen Ausdrücken:

Maiorum meminisse / non oblivisci decet.	**Der Vorfahren** zu gedenken / **Die Vorfahren** nicht zu vergessen ist Pflicht.
Pudet me **huius facti.**	Ich schäme mich **dieser Tat**.

2. bei Verben der Gerichtssprache:

accusare **caedis**	anklagen **wegen Mordes**
damnare **capitis**	**zum Tode** verurteilen

3 Dativ

Der Dativ fungiert im Satz vornehmlich als **Objekt**, seltener als **Adverbiale** oder als **Prädikatsnomen.**

VERWENDUNG IM SATZMODELL

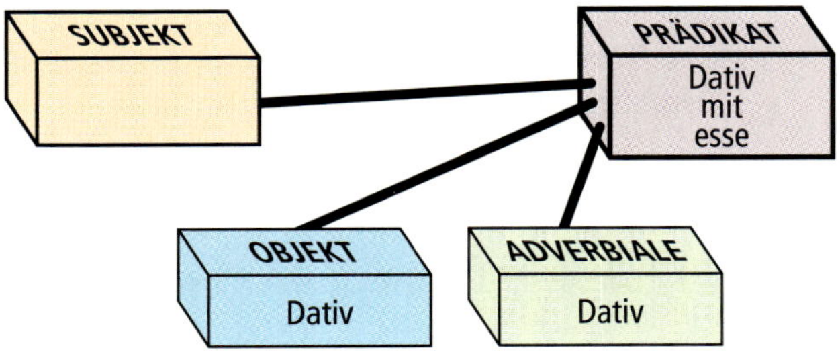

VERWENDUNGSHÄUFIGKEIT

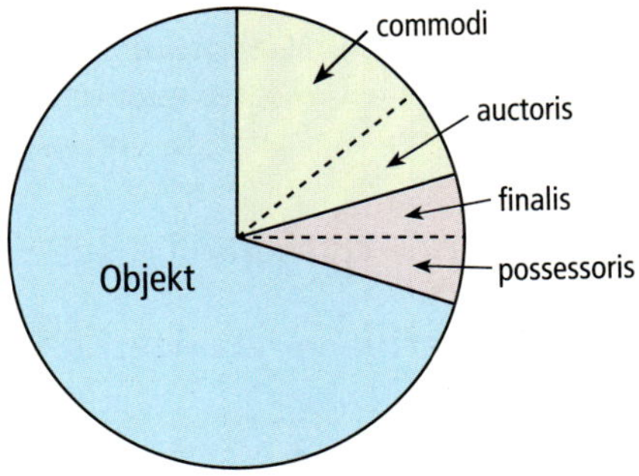

3.1 Als 

drückt der Dativ die Zuwendung aus (Objektsdativ):

Poetae **hominibus** prodesse volunt.	Dichter wollen **den Menschen** nützen.

aliis nocere / prodesse	**anderen** schaden / nützen
amicis favere	**Freunde** fördern, „**den Freunden** gewogen sein“
litteris studere	sich **um die Wissenschaft** bemühen
miseris adesse	**den Armen** helfen
civibus consulere	**für die Bürger** sorgen

3.2 Als 

bezeichnet der Dativ

1. die Person oder Sache, zu deren Vorteil oder Nachteil etwas geschieht (Dativus commodi / incommodi):

Cicero **civitati Romanae** vixit.	Cicero lebte **für den römischen Staat**.

2. die handelnde Person, die an einem Geschehen als **Verursacher** beteiligt ist (Dativus auctoris):

Cui res publica administranda est?	**Von wem** ist der Staat zu verwalten?

3.3 Als 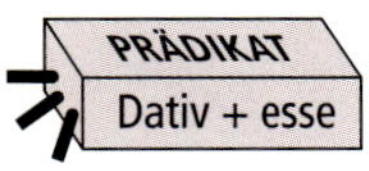

fungiert der Dativ in Gestalt des Prädikatsnomen mit der Copula esse:

1. zur Angabe des Besitzers (Dativus possessoris):

Non **multis** divitiae sunt.	Nicht **viele** besitzen Reichtum.

2. zur Angabe des Zweckes (Dativus finalis, meist in Verbindung mit dem Dativ des Vorteils):

Victoria **Pyrrho** vix **usui** erat.	Der Sieg war **für Pyrrhus** kaum **von Nutzen**.

auxilio venire	**zu Hilfe** kommen
muneri dare	**zum Geschenk** machen
odio esse	gehasst werden, „Anlass **zu Hass** sein“

4 Akkusativ

Der Akkusativ fungiert im Satz vornehmlich als **Objekt**, seltener als **Adverbiale.**

VERWENDUNG IM SATZMODELL

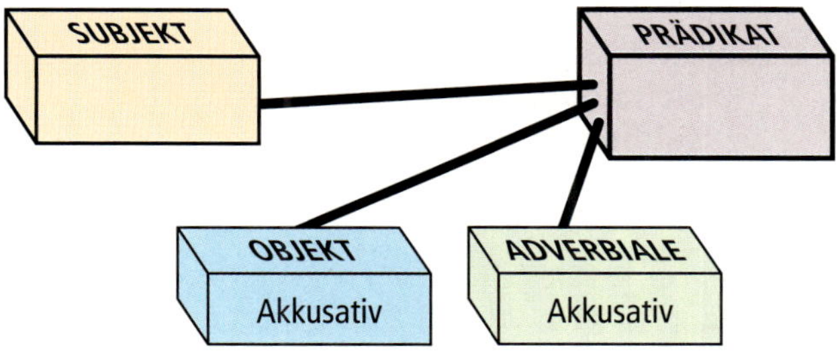

VERWENDUNGSHÄUFIGKEIT

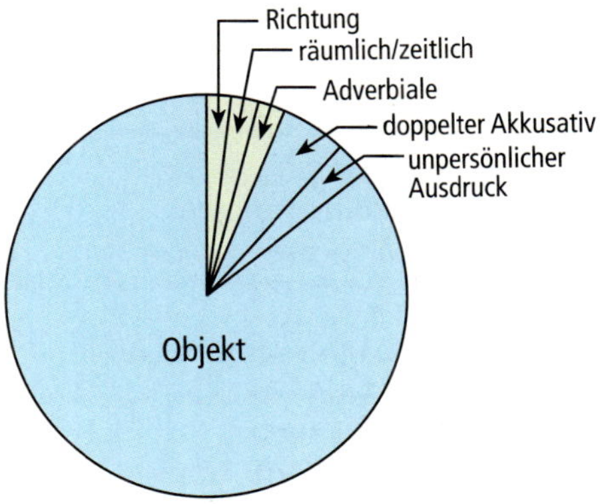

4.1 Als 

drückt der Akkusativ aus:

a) die inhaltliche Ergänzung bei transitiven Verben:

auxilium ferre	**Hilfe** bringen
discipulos iubere	**die Schüler** beauftragen / **den Schülern** befehlen
flumen transire	**den Fluss** überschreiten
mortem dolere	über **den Tod** traurig sein
salutem sperare	**auf Rettung** hoffen

b) die Person, auf die sich der Inhalt eines unpersönlichen Ausdrucks richtet:

iuvat **me**	es macht **mir** Spaß
pudet **me**	es beschämt **mich**, ich schäme **mich**
fugit **me**	es entgeht **mir** / **ich** weiß nicht

c) **die doppelte inhaltliche Ergänzung** bei bestimmten Verben

1. als Person-Objekt und Sach-Objekt:

Romanos philosophiam docere	**die Römer die Philosophie** lehren

2. als Person-Objekt und ergänzende Bestimmung:

philosophos prudentes putare	**die Philosophen für klug** halten
Gallos amicos appellare	**die Gallier als Freunde** bezeichnen
Ciceronem consulem creare	**Cicero zum Konsul** wählen

4.2 Als 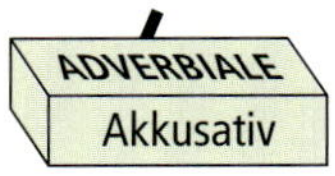

dient der Akkusativ:

a) **zur Angabe einer adverbialen Bestimmung** (meist im Neutrum Singular):

facile intellegere	**leicht, ohne Schwierigkeit** begreifen
multum prodesse	**vielfach, viel** nützen
nihil nocere	**in keiner Weise** schaden

b) **zur Angabe eines Ziels:**

domum redire	**nach Hause** zurückkehren
Romam contendere	**nach Rom** eilen

c) **zur Angabe räumlich-zeitlicher Ausdehnung:**

multa milia passuum abesse	**viele Meilen** entfernt sein
tot annos in exilio vivere	**so viele Jahre** im Exil leben

5 Ablativ

Der Ablativ fungiert im Satz hauptsächlich als **Adverbiale**, seltener als **Objekt, Attribut** oder **Prädikatsnomen.**

VERWENDUNG IM SATZMODELL

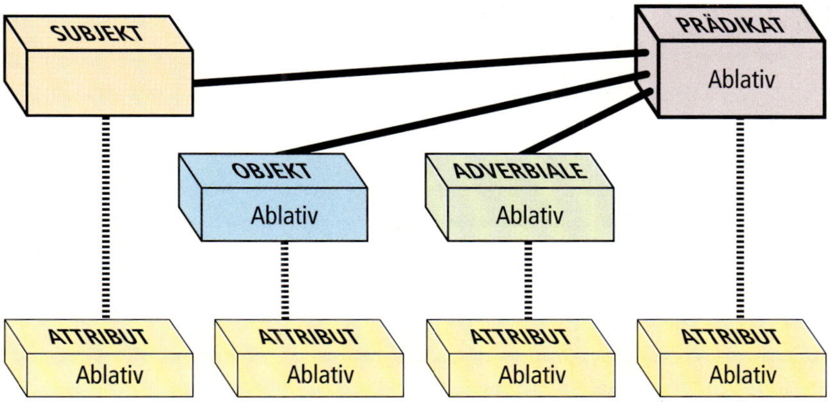

VERWENDUNGSHÄUFIGKEIT

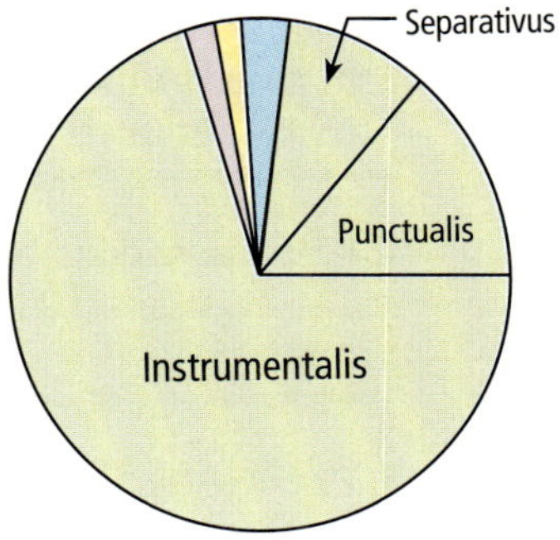

5.1 Der Ablativ erfasst als Adverbiale drei Kernfunktionen:

a) 

„Trennung“

1. Trennung und Ausgangspunkt (Ablativus separativus):

periculis liberare	**von Gefahren** befreien
auxilio carere	**der Hilfe** entbehren / **ohne Hilfe** sein
Roma redire	**von Rom** zurückkehren

2. Abstammung (Ablativus originis):

nobili genere natus	**von edler Abkunft**

3. Vergleich (Ablativus comparationis):

elephanto maior	größer **als ein Elefant**

b) 

„Mittel“

1. Mittel (Ablativus instrumentalis):

incendio delere	**durch Brand** zerstören
pecunia abundare	**an Geld** Überfluss haben

2. Art und Weise (Ablativus modi):

magna diligentia laborare	**mit großer Sorgfalt** arbeiten
nomine amicorum	**im Namen** der Freunde

3. Grund (Ablativus causae):

victoria laetus	**über den Sieg** froh
invidia (adductus)	**aus Neid**

4. Unterschied (Ablativus discriminis):

multo maior	**um vieles / viel** größer

5. Preis (Ablativus pretii):

magno emere	**teuer** kaufen

c) 

1. Zeit (Ablativus temporis):

hieme	**im Winter**
paucis annis	**in wenigen Jahren**

2. Ort (Ablativus loci):

Carthagine vivere	**in Karthago** leben
multis locis	**an vielen Orten**

5.2 Der Ablativ dient im Satz gelegentlich zur Angabe der **Beschaffenheit** (Ablativus qualitatis):

a) als 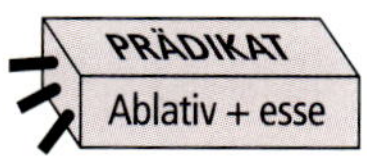

in Gestalt des **Prädikatsnomens** in Verbindung mit der Copula esse:

Puella **eximia forma** est.	Das Mädchen ist **von ausnehmender Schönheit.**

b) als 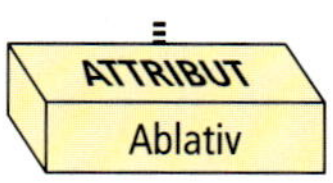

in Gestalt des **Ablativ-Attributs:**

magna audacia homo	ein Mann **von großer Verwegenheit**

5.3 Der Ablativ fungiert im Satz gelegentlich:

als 

nach einigen Deponentien (Ablativ-Objekt):

dolo uti	**eine List** anwenden
munere fungi	**ein Amt** verwalten
oppido potiri	**eine Stadt** in seine Gewalt bringen
Tarquinius **regno** potitus est.	Tarquinius riss **die Königsherrschaft** an sich.

6 Kasus in präpositionaler Verbindung

6.1 Präpositionen gehen mit einem Nomen in einem bestimmten Kasus eine enge Verbindung ein. Solche präpositionale Verbindungen können eine dreifache semantische Funktion haben:

örtlich

zeitlich

übertragen

in horto	im Garten	inter cenam	während des Essens	sine periculo	ohne Gefahr
apud inferos	in der Unterwelt	in vita	im Leben	secundum naturam	naturgemäß
in urbem	in die Stadt	ad multam noctem	bis tief in die Nacht	de pace	über Frieden
				honoris causa	der Ehre wegen

6.2 Präpositionale Verbindungen fungieren im Satz vornehmlich als **Adverbiale**, zuweilen als **Objekt** oder **Prädikatsnomen**, seltener als **Attribut**:

VERWENDUNG IM SATZMODELL

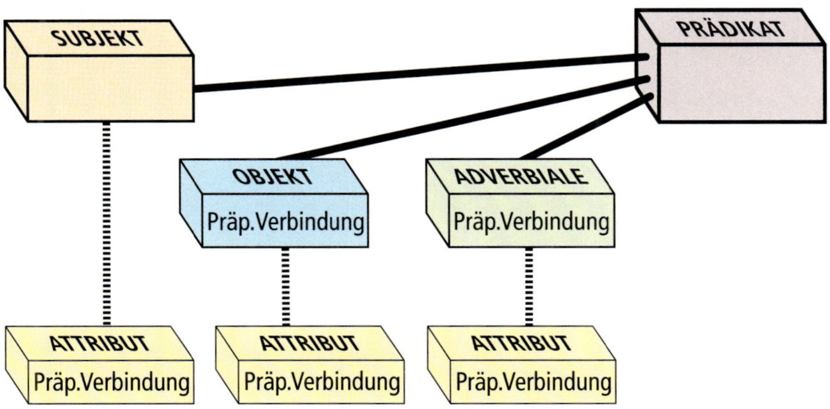

a) 

Pugna **ad Cannas** facta est.	Die Schlacht fand **bei Cannae** statt.

b) 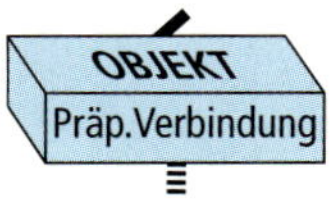

Livius **de clade** narrat.	Livius berichtet **von der Niederlage / die Niederlage**.

Man spricht hier von einem Präpositionalobjekt.

c) 

Romani **pietatem erga deos** colebant.	Die Römer hielten **die Frömmigkeit gegen die Götter** hoch.

6.3 In Verbindung mit der Präposition in bezeichnet der **Ablativ** den Ort, **wo** etwas geschieht (*Ortsangabe*), der **Akkusativ** den Ort, **worauf** eine Handlung **gerichtet** ist (*Richtungsangabe*).

Cives **in urbe** manebant.	Die Bürger blieben **in der Stadt**.
Cicero **in urbem** rediit.	Cicero kehrte **in die Stadt** zurück.

9 Tabellenteil

1 Das Endungssystem der fünf Konjugationen

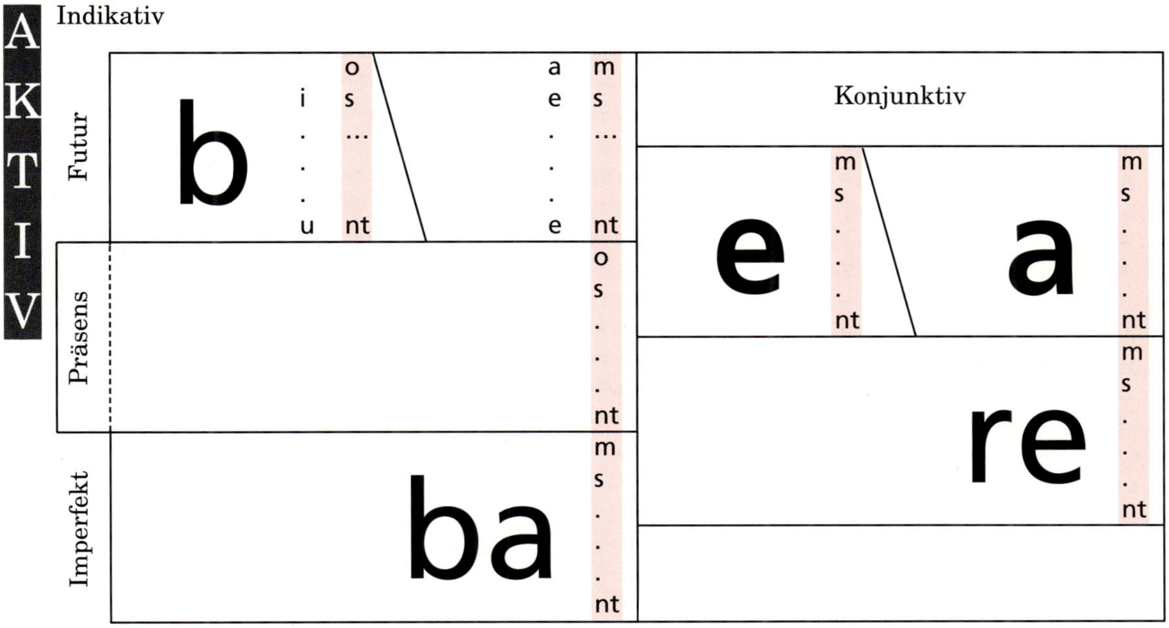

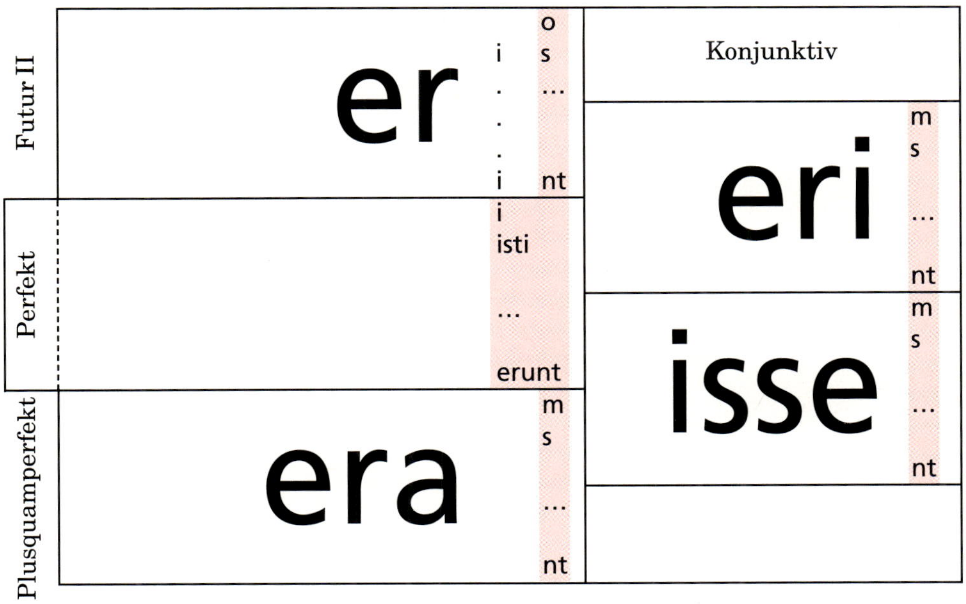

PASSIV

Indikativ

Futur

b — e or / i ris / tur / … / u ntur

a r / e ris / … / e ntur

Präsens

or / ris / tur / mur / mini / ntur

Imperfekt

ba — r / ris / … / ntur

Konjunktiv

e — r / ris / … / ntur

a — r / ris / … / ntur

re — r / ris / … / ntur

Futur II

(t)us — er — o / i s / … / u nt

Perfekt

(t) us / a / um — sum / es / …

(t) i / ae / a — sunt

Plusquamperfekt

(t)us / … — era — m / s / … / nt

Konjunktiv

(t)us / … — si — m / s / … / nt

(t)us / … — esse — m / s / … / nt

2 Stammformen wichtiger Verben

In diese Übersicht wurden nur Verben aufgenommen, bei denen es nicht ohne weiteres möglich ist, Formen des Perfektstamms auf die Grundform zurückzuführen, z.B. egi → ago, risi → rideo, decretum → decerno.

Die Verben sind nach der Art ihrer Perfekt-Aktiv-Bildung aufgeführt (↗ 3.5). Zusätzlich ist die Konjugationsgruppe angegeben (a, e, i, ĭ, k). Bei Komposita (zusammengesetzten Verben, z.B. ir-rideo) weist ein = darauf hin, dass ihre Formenbildung der des Stammverbs entspricht.

Deponentien und Semideponentien sind gesondert erfasst (↗ 9.3/4).

2.1 v-Perfekt

(k)	cerno			cernere	sehen, erblicken
	de-cerno	de-crevi	de-cretum	de-	beschließen
	dis-				unterscheiden
	sperno	sprevi	spretum	spernere	ablehnen, verschmähen
	sino	sivi	situm	sinere	lassen, zulassen
	de-	de- si i	de-	de-	ab-lassen, aufhören
	quaero	quaesivi	quaesitum	quaerere	suchen, fragen
	ex-qu iro	-quisivi	-quisitum	ex-quirere	aus-suchen, untersuchen
	peto	petivi	petitum	petere	zu erreichen suchen
	(= ap-peto, ex-peto, re-peto)				
	consuesco	consuevi	consuetum	consuescere	sich gewöhnen
	cresco	crevi		crescere	wachsen
	quiesco	quievi		quiescere	ruhen
	nosco	novi		noscere	kennen lernen

⚠ Die Präsensstamm-Erweiterung mit -sc- signalisiert oft den Beginn eines Vorgangs.

2.2 u-Perfekt

(k)	gigno	genui	genitum	gignere	erzeugen, hervorbringen, gebären
	pono	posui	positum	ponere	stellen, setzen, legen
	(= com-pono, de-pono, dis-pono, ex-pono, im-pono, pro-pono)				

2.3 s-Perfekt

(e)	ardeo	arsi		ardere	brennen, glühen

⚠ (Wie bei ardere verschwindet bei den folgenden Verben das d des Präsensstamms: (ir-)rideo, (per-)suadeo, (k) claudo, (in-)cludo, divido, laedo, ludo, evado, invado.)

	haereo	haesi		haerere	hängen (bleiben), stecken bleiben
	iubeo	iussi	iussum	iubere	beauftragen, befehlen, (etwas tun) lassen
	augeo	auxi	auctum	augere	vergrößern, vermehren, fördern
	luceo	luxi		lucere	leuchten, strahlen
(i)	haurio	hausi	haustum	haurire	schöpfen, trinken

sancio	sanxi	sanctum	sancire	heiligen, festsetzen
vincio	vinxi	vinctum	vincire	fesseln
sentio	sensi	sensum	sentire	fühlen, meinen
(= con-sentio, dis-sentio)				
Ⓚ scribo	scripsi	scriptum	scribere	schreiben
(= con-scribo, de-scribo, pro-scribo)				

⚠ Bei Verben, deren Stamm auf c, g, h oder ct auslautet, verschmilzt dieser Auslaut mit dem Perfekt-Aktiv-Zeichen s zu x.

Ⓚ dico	dixi	dictum	dicere	sagen, sprechen, nennen
(= in-dico, prae-dico)				
duco	duxi	ductum	ducere	führen, ziehen; (*für etwas*) halten
(= ad-duco, con-duco, de-duco, in-duco, perduco, pro-duco, tra-duco)				
traho	traxi	tractum	trahere	ziehen, schleppen
(= abs-traho, con-traho, de-traho)				
veho	vexi	vectum	vehere	ziehen, fahren, bringen
rego	rexi	rectum	regere	lenken, leiten
e-rigo	e-	e-	e-rigere	aufrichten
(= cor-rigo, por-rigo)				
pergo	per-rexi	⚠	pergere	weitermachen, fortfahren
surgo	sur-rexi		surgere	aufstehen, sich erheben
tego	texi	tectum	tegere	decken, bedecken
(= pro-tego)				
intellego	intellexi	intellectum	intellegere	erkennen, einsehen, verstehen
neglego	neglexi	neglectum	neglegere	vernachlässigen, übersehen
diligo	dilexi	dilectum	diligere	lieben, schätzen
iungo	iunxi	iunctum	iungere	verbinden, vereinigen
(= con-iungo)				
figo	fixi	fixum	figere	befestigen, (an)heften
fingo	finxi	fictum	fingere	formen, bilden, erdichten
flecto	flexi	flexum	flectere	biegen, beugen, wenden
fluo	fluxi		fluere	fließen
exstruo	exstruxi	exstructum	exstruere	errichten, aufschichten
(= con-struo)				
vivo	vixi		vivere	leben

Die Verbindung von auslautendem d bzw. tt mit s ergibt s oder ss.

cedo	cessi	cessum	cedere	gehen, weichen, nachgeben
(= ac-cedo, con-cedo, de-cedo, in-cedo, pro-cedo, se-cedo, suc-cedo)				
mitto	misi	missum	mittere	schicken, gehen lassen, werfen
(= ad-mitto, a-mitto, com-mitto, de-mitto, di-mitto, per-mitto, pro-mitto, re-mitto)				
premo	pressi	pressum	premere	drücken, bedrängen
com-primo	com-	com-	com-primere	zusammendrücken, unterdrücken
(= ex-primo, op-primo)				
sumo	sumpsi	sumptum	sumere	nehmen
(= con-sumo)				
gero	gessi	gestum	gerere	tragen, verrichten
aspicio	aspexi	aspectum	aspicere	erblicken
(= con-spicio, de-spicio, per-spicio, pro-spicio, re-spicio, su-spicio)				

2.4 Dehnungsperfekt

moveo	movi	motum	movere	bewegen, beeinflussen, hervorrufen
(= com-moveo, per-moveo, re-moveo)				
video	vidi	visum	videre	sehen
(= in-video, pro-video)				
ago	egi	actum	agere	(be)treiben, (ver)handeln
cogo	coegi	coactum	cogere	sammeln, zwingen
frango	fregi	fractum	frangere	brechen, verletzen, schwächen
emo	emi	emptum	emere	nehmen, kaufen
lego	legi	lectum	legere	lesen, sammeln
col-ligo	col-	col-	col-ligere	sammeln

Bei einigen Verben ist der Präsensstamm durch n / m erweitert, das im Perfektstamm und im PPP entfällt.

relinquo	reliqui	relictum	relinquere	zurücklassen
rumpo	rupi	ruptum	rumpere	(zer)brechen
(= cor-rumpo)				
vinco	vici	victum	vincere	(be)siegen
(= con-vinco)				
fundo	fudi	fusum	fundere	(aus)gießen, zerstreuen
consido	consedi		considere	sich setzen, sich niederlassen
capio	cepi	captum	capere	fassen, ergreifen, erobern
ac-cipio	ac-cepi	ac-ceptum	ac-cipere	annehmen, empfangen, vernehmen
(= de-cipio, ex-cipio, percipio, re-cipio, sus-cipio)				
in-cipio	coepi	coeptum	in-cipere	anfangen, beginnen

	facio	feci	factum	facere	tun, machen, herstellen
	af-ficio	af-feci	af-fectum	af-ficere	versehen (mit), ausstatten (mit)
	(= con-ficio, de-ficio, ef-ficio, inter-ficio, per-ficio)				
	iacio	ieci	iactum	iacere	werfen, schleudern
	ad-icio	ad-ieci	ad-iectum	ad-icere	hinzufügen
	(= con-icio, e-icio, in-icio, pro-icio, sub-icio, tra-icio)				

2.5 Reduplikationsperfekt

ⓐ	do	dedi	datum	dare	geben
	circum-do	circum-dedi	circum-	circum-	umgeben
ⓚ	e-do	e-didi	e-ditum	e-dere	herausgeben, verbreiten, hervorbringen
	(= ab-do, ad-do, con-do, cre-do, per-do, pro-do, red-do, tra-do, ven-do)				
ⓐ	sto	steti		stare	stehen
	con-sto	con-stiti		con-stare	feststehen, bestehen (aus)kosten
	(= in-sto, prae-sto, re-sto)				
ⓚ	con-sisto	con-stiti		con-sistere	sich hinstellen, bestehen (aus)
	(= de-sisto, ex-sisto, re-sisto)				
ⓔ	pendeo	pependi		pendere	(herab)hängen
	spondeo	spopondi	sponsum	spondere	versprechen
ⓘ	reperio	repperi	repertum	reperire	(wieder) finden
ⓚ	cado	cécidi	(casurus)	cadere	fallen
	caedo	cecīdi	caesum	caedere	fällen, (nieder)schlagen
	oc-cido	oc-cidi	oc-cisum	oc-cidere	töten
	curro	cucurri	cursum	currere	laufen, rennen
	disco	didici		discere	lernen
	fallo	fefelli		fallere	täuschen
	parco	peperci	(parsurus)	parcere	schonen, sparen
	pello	pepuli	pulsum	pellere	schlagen, (ver)treiben
	re-pello	reppuli	re-pulsum	re-pellere	zurücktreiben, abwehren
	ex-pello	ex-puli	ex-pulsum	ex-pellere	vertreiben, ausstoßen
	(= im-pello)				
	pendo	pependi	pensum	pendere	abwägen, bezahlen
	tango	tetigi	tactum	tangere	berühren
ⓘ̄	pario	peperi	partum	parere	hervorbringen, gebären, erwerben

3 Deponentien

(a)	conor	conatus sum	conari	versuchen

So bilden alle Deponentien der a-Konjugation ihre Stammformen, z.B.:

conspicari	erblicken
contemplari	betrachten
cunctari	zögern
gratulari	danken, Glück wünschen
hortari	(er)mahnen
imitari	nachahmen
minari	drohen
morari	sich aufhalten, zögern
precari	bitten, beten
tutari	schützen
venerari	verehren, anbeten
versari	sich aufhalten, sich beschäftigen (mit)

(e)	fateor	fassus sum	fateri	gestehen, bekennen
	con-fiteor (= pro-fiteor)	con-fessus sum	con-fiteri	
	reor	ratus sum	reri	meinen, glauben
	mereor	meritus sum	mereri	sich verdient machen (um)
	misereor	miseritus sum	misereri	sich erbarmen, (mit jemand) Mitleid haben
	polliceor	pollicitus sum	polliceri	versprechen
	vereor	veritus sum	vereri	sich scheuen, fürchten, verehren
(i)	largior	largitus sum	largiri	schenken, spenden
	mentior	mentitus sum	mentiri	lügen
	molior	molitus sum	moliri	in Gang setzen, planen
	partior	partitus sum	partiri	teilen
	potior	potitus sum	potiri	an sich reißen, in seine Gewalt bekommen
	experior	expertus sum	experiri	versuchen, erproben
	metior	mensus sum	metiri	messen
	ordior	orsus sum	ordiri	anfangen, beginnen
(i/k)	orior	ortus sum	oriri	sich erheben, aufgehen, entstehen
(k)	adipiscor	adeptus sum	adipisci	bekommen, erreichen
	fungor	functus sum	fungi	verwalten, verrichten
	labor	lapsus sum	labi	gleiten, (ver)fallen
	loquor (= col-loquor	locutus sum	loqui	sprechen sich besprechen)
	nanciscor	nanctus / nactus sum	nancisci	bekommen, erreichen
	nascor	natus sum	nasci	geboren werden, entstehen
	nitor	nisus / nixus sum	niti	sich stützen (auf); streben (nach), sich anstrengen
	queror	questus sum	queri	(be)klagen

sequor	secutus sum	sequi	folgen
(= as-sequor, per-sequor, con-sequor)			
ulciscor	ultus sum	ulcisci	(sich) rächen, (be)strafen
utor	usus sum	uti	benützen, gebrauchen, haben
(i) aggredior	aggressus sum	aggredi	angreifen
(= e-gredior, in-gredior, pro-gredior, re-gredior)			
morior	mortuus sum	mori	sterben
patior	passus sum	pati	(er)leiden, dulden, zulassen

4 Semideponentien

(e) audeo	ausus sum	audere	wagen, sich getrauen
gaudeo	gavisus sum	gaudere	sich freuen
soleo	solitus sum	solere	gewohnt sein, pflegen
(k) confido	confisus sum	confidere	vertrauen
revertor	reverti revertisti ... reversus	reverti (Inf.)	zurückkehren zurückgekehrt

5 Das Endungssystem der fünf Deklinationen

	1. (a-)	2. (o-)	3. (Kons. / i-)	4. (u-)	5. (e-)	Pronomina
Sg.						
N.	de a	de us[1]	du x[2] v is	cas us	di es	(Sonderformen)
G.	de ae	de i	duc is	cas us	di ei	-ius
D.	de ae	de o	duc i	cas ui	di ei	-i
Akk.	de am	de um	duc em v im	cas um	di em	(meist wie a-/-o-
Abl.	a de a	a de o	duc e v i	cas u	di e	Deklination)
Pl.						
N./	de ae	de i[1]	duc es[3]	cas us	di es	
Akk.	de as	de os[1]				
G.	de arum	de orum	duc um vir ium	cas uum	di erum	
D./	de is	de is	duc ibus	cas ibus	di ebus	
Abl.	(a)					

[1]) Neutra der o-Deklination haben im N. Sg. -um, im N./Akk. Pl. -a (forum, fora).

[2]) dux entstand aus duc-s (Stamm + Endung -s); viele Substantive der 3. Deklination sind im Nominativ Singular endungslos, z.B. victor, consul.

[3]) Neutra der 3. Deklination enden im N./Akk. Pl. auf -(i)a, z.B. iura, maria.

10 Technik der Formenbestimmung

⚠ Bei der Bestimmung lateinischer Wortformen hilft ein systematisches Vorgehen Fehler zu vermeiden.

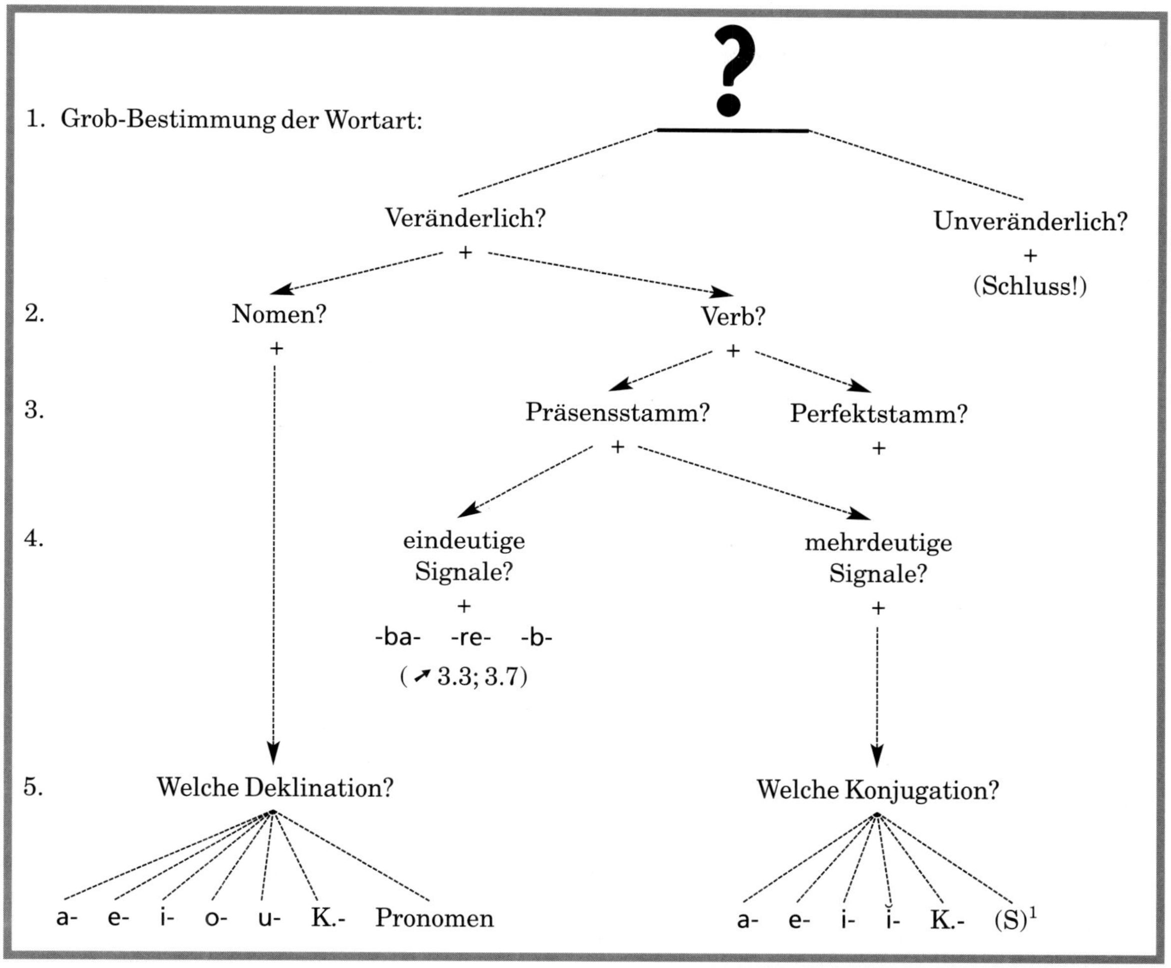

Das Beispiel zeigt, dass ein großer Teil der lateinischen Verbformen mithilfe von Merkmalen bestimmt werden kann, die den verschiedenen Konjugationen gemeinsam sind. Bei den Nomina ist eine sichere Bestimmung nur möglich, wenn man vorher ermittelt, zu welcher Deklination sie gehören.

Beispiele:

agri : V → Nomen → o-Deklination (ager) → G. Sg./N. Pl.
acri : V → Nomen → i-Deklination (Adjektiv acer, acris, acre) → D./Abl. Sg.
agas : V → Verb → mehrdeutiges Signal → Kons. Konjugation (agere) → (2. Pers. Sg. Konj. Präs. Akt.)
cras : U (Adverb: morgen)

[1]) Sonderfälle wie esse, ire (↗ 3.8).

Die Erscheinungsform des Satzes

In jeder Sprache kann eine Vielfalt von Sätzen gestaltet werden. Dies ist vor allem dadurch bedingt, dass das **Grundmodell des Satzes** je nach Absicht und Umfang der Aussage **veränderbar** ist.
Die **fünf Positionen** des Satzes können von ganz verschiedenen sprachlichen Erscheinungen **gefüllt** sein. Man nennt diese **Füllungsarten**.
Die Satzglieder Prädikat, Subjekt, Objekt, Adverbiale und das **Satzgliedteil Attribut** können jeweils von verschiedenen syntaktischen Elementen vertreten sein.
Das bedeutet aber auch, dass die **vielen sprachlichen Elemente** überhaupt **nur an diesen fünf Positionen des Satzes** (und sonst nirgends) stehen und dort eine bestimmte **syntaktische Funktion** erfüllen können. Die Vielfalt der Erscheinungen erhält in dieser Einheit des Satzmodells ihre Ordnung.

11 Das Prädikat

Das **Prädikat** stellt das **Zentrum des Satzes** dar. Die in ihm ausgedrückte Verbalaussage verlangt nach **Ergänzungen**. Denn erst durch sie kommt ein vollständiger Satz zustande.

Frage:
Was wird AUSGESAGT?

Was kann alles Prädikat sein?

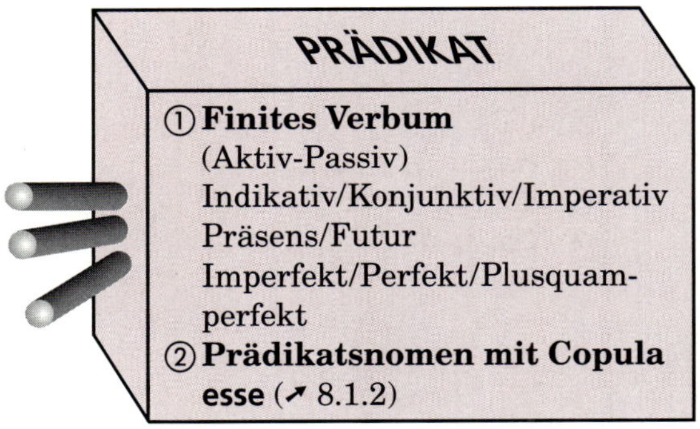

① Hercules **vicit** — Hercules **hat gesiegt**
(victus non est/ — **(ist nicht besiegt worden/**
vincat/ — **soll siegen/**
vincet/ — **wird siegen/**
vincit/ vicerat). — **siegt/ hatte gesiegt).**

② Hercules *victor* / *clarus* **fuit.** — Hercules **war** *Sieger.* / *berühmt.*

12 Das Subjekt

Was kann alles Subjekt sein?

SUBJEKT

① **Nomen** (↗ 6)
(Substantiv, Adjektiv, Pronomen, Numerale)
② **unausgedrückt, da im Prädikat enthalten**
③ **Infinitiv** (↗ 16)
④ **AcI** (↗ 16.2)
⑤ **Partizip** (↗ 17)
⑥ **Relativsatz** (↗ 29)
⑦ **Gliedsatz** (↗ 27)

Das **Subjekt** stellt in der Regel eine **notwendige Ergänzung** zum Prädikat dar.

Frage:
WER oder WAS
– handelt oder macht etwas?
– wird von einer Handlung oder einem Vorgang betroffen?

① **Daedalus et Icarus** volaverunt. (Homines/ Audaces/ Ei/ Duo)	**Dädalus und Ikarus** sind geflogen. (Menschen/ Kühne/ Sie/ Zwei)
② Multis admirationi **erant**.	**Sie** wurden von vielen bewundert.
③ **Volare** periculosum est.	**Fliegen** ist gefährlich.
④ **Icarum perisse** constat.	**Dass Ikarus umkam**, steht fest.
⑤ **Volantes** in periculo sunt.	**Fliegende** sind in Gefahr.
⑥ **Qui volat,** aves imitatur.	**Wer fliegt,** ahmt die Vögel nach.
⑦ **Ut illi in patriam redirent,** fieri non potuit.	**Dass jene in die Heimat zurückkamen,** war unmöglich.

13 Das Objekt

Was kann alles Objekt sein?

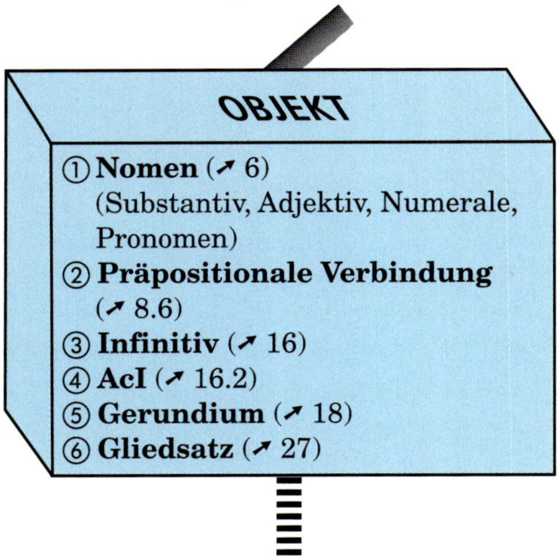

Das **Objekt** stellt eine meist **notwendige Ergänzung** zum Prädikat dar.
Auf das Objekt ist die Handlung oder das Geschehen gerichtet.

Frage:
WESSEN?/ WEM?/ WEN? oder WAS?
WORÜBER? oder WOVON?

① Sisyphus **immortalitatis** cupidus erat.	Sisyphus verlangte nach **Unsterblichkeit**.
Multis nocebat.	**Vielen** fügte er Schaden zu.
Tres maxime contemnebat.	**Drei** verachtete er besonders:
Mortem, Plutonem, Iovem:	den Tod, Pluto und Jupiter.
Eos fallere studebat.	**Diese** wollte er täuschen.
② Quis **de** Sisyphi **poena** narrat?	Wer erzählt **von der Strafe** des Sisyphus?
③ Iuppiter eum **punire** constituit.	Jupiter beschloss ihn **zu bestrafen**.
④ Scimus **Sisyphum perpetuos labores pati.**	Wir wissen, **dass Sisyphus ewige Qualen leidet.**
⑤ Nunc **quiescendi / saxi deponendi** cupidissimus est.	Jetzt verlangt er sehr danach, **sich auszuruhen**. / **den Felsbrocken wegzulegen**.
⑥ Optat, **ut poena finiatur.**	Er wünscht, **dass seine Strafe ein Ende habe**.

14 Das Adverbiale

Was kann alles Adverbiale sein?

ADVERBIALE

① **Nomen** (↗ 6)
② **Adverb** (↗ 7.1)
③ **Präpositionale Verbindung** (↗ 8.6)
④ **Prädikativum** (↗ 8.1.3)
⑤ **Partizip (PC, Abl. abs.)** (↗ 17)
⑥ **Gerundium/ Gerundivum** (↗ 18/19)
⑦ **Supinum auf -um /-u** (↗ 20)
⑧ **Gliedsatz** (↗ 28)

Das **Adverbiale** stellt zuweilen eine **notwendige Ergänzung** zum Prädikat dar. Oft aber ist es nur eine zusätzliche **„freie Angabe"**.
Das Adverbiale erfasst die **Umstände**, unter denen sich eine Handlung oder ein Geschehen vollzieht.

Frage:
WO?/ WANN?/ WIE?/ WARUM?

① Europa **toto orbe terrarum** nota est.	Europa ist **auf der ganzen Welt** bekannt.
② **Prius** Europa in Asia vixit.	**Früher** lebte Europa in Asien.
③ **Ex Asia in occidentem** venit.	**Aus Asien** kam sie **ins Abendland**.
④ An **laeta** eo venerit, nescimus.	Ob sie **froh** dorthin gekommen ist, wissen wir nicht.
⑤ Nam **ab Iove rapta** Europa in Creta vitam egit.	Denn **von Jupiter geraubt**, lebte Europa auf Kreta.
Continente ab ea nominata nomen eius servatum est.	**Da der Kontinent nach ihr benannt wurde,** blieb ihr Name erhalten.
⑥ Multi hodie **discendi causa/ scientiae augendae causa** in Europam veniunt.	Viele kommen heute nach Europa **um zu lernen/ um ihr Wissen zu vermehren**.
⑦ Difficile est **dictu**, quot homines veniant Europae artificia **spectatum**.	Es ist schwer **zu sagen**, wie viele Menschen kommen **um** Europas Kunstwerke **zu betrachten**.
⑧ Europam, **cum eius cultus atque humanitas multis admirationi sit**, etiam multi homines ex Asia venientes visitant.	Europa besuchen, **da seine Zivilisation von vielen bewundert wird**, auch viele Menschen aus Asien.

15 Das Attribut

Was kann alles Attribut sein?

ATTRIBUT

① **Nomen** (↗ 6)
(Adjektiv, Substantiv)
② **Pronomen, Numerale** (↗ 6.5/6)
③ **Gerundium/Gerundivum**
(↗ 18/19)
④ **Präpositionale Verbindung**
(↗ 8.6)
⑤ **Relativsatz** (↗ 29)

Das **Attribut** tritt als **Erweiterung** zu den Satzgliedern. Es ist diesen **beigefügt**.

Frage:
WAS FÜR EIN?/ WESSEN?

① Orpheus toto animo Eurydicam **mulierem** amabat.	Orpheus liebte von ganzem Herzen seine **Frau** Eurydike.
② Sed **ii** homines **duobus** miseriis oppressi sunt.	Aber **diese** Menschen wurden von einem **doppelten** Unglück getroffen.
③ Nam **nova** nupta periit; ita Orpheus studio ad inferos **descendendi / Orci adeundi** implebatur.	Denn die **Neu**vermählte kam um; so wurde Orpheus vom Verlangen in die Unterwelt **hinabzusteigen / den Orcus aufzusuchen** erfüllt.
④ **Summa adversus deos** pietate ibi oravit, ut mulier sibi redderetur.	Mit **großer** Ehrfurcht **gegenüber den Göttern** bat er dort, dass ihm die Frau zurückgegeben werde.
⑤ Dei, **quos** adiit, precibus **eius** indulgebant, at Eurydica iterum mortua est.	Die Götter, **an die** er sich wandte, erfüllten **seine** Bitten, doch Eurydike starb ein zweites Mal.

Satzwertige Konstruktionen

1 An den fünf Positionen des Satzes können auch sog. Nominalformen des Verbs stehen, d.h. vom Verb abgeleitete, aber z.T. wie ein Nomen deklinierbare Bauelemente des Satzes.

2 Das Lateinische weist **fünf Nominalformen** des Verbs auf:

Infinitiv	Partizip	Gerundium	Gerundivum	Supinum

3 Im Satzmodell können sie folgende **syntaktische Funktionen** übernehmen:

VERWENDUNG IM SATZMODELL

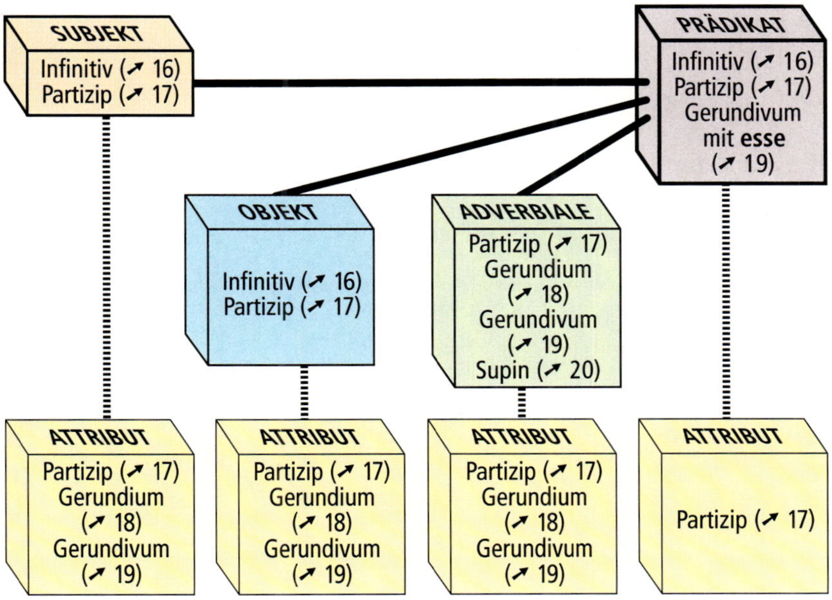

VERWENDUNGSHÄUFIGKEIT

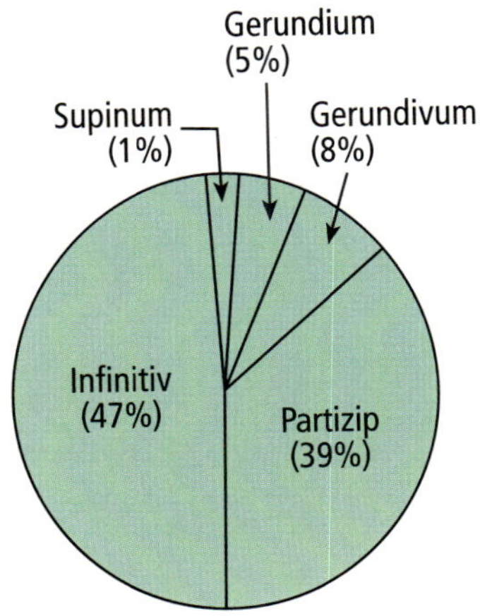

4 Die meisten der Nominalformen des Verbs erscheinen in jeweils **satzwertigen Konstruktionen**. Sie enthalten eine Aussage, die selbst als Satz aufgefasst und formuliert werden kann. Am Beispiel des Ablativus absolutus (↗ 17.1.2 ff.) sei dies verdeutlicht.

Amici	**sole oriente** ‚cum sol oritur,'	redeunt.	Die Freunde kehren	**bei Sonnenaufgang** ‚wenn die Sonne aufgeht,'	zurück.

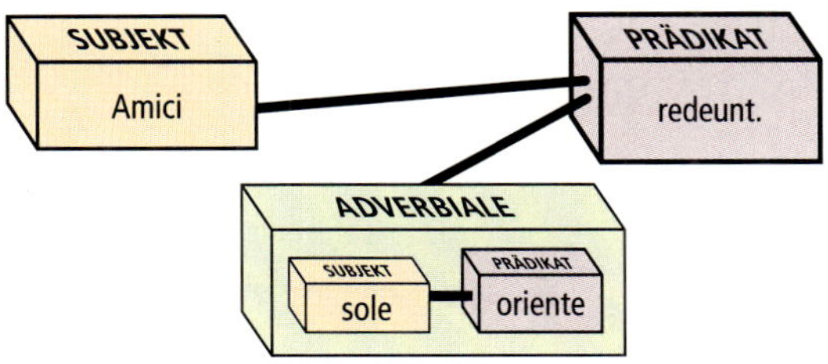

16 Infinitiv

Formenbestand

In den **Formen des Infinitivs**, die von bestimmten Tempusstämmen gebildet sind, drückt sich ein **dreifaches Zeitverhältnis** aus:

Gleichzeitigkeit						
Aktiv	amare	monere	aperire	agere	capere	esse
Passiv	amari	moneri	aperiri	agi	capi	–
Deponens	mirari	fateri	mentiri	loqui	mori	–
Vorzeitigkeit						
Aktiv	amavisse	monuisse	aperuisse	egisse	cepisse	fuisse
Passiv	amatum esse	monitum esse	apertum esse	actum esse	captum esse	–
Deponens	miratum esse	fassum esse	mentitum esse	locutum esse	mortuum esse	–
Nachzeitigkeit						
Aktiv	amaturum esse	moniturum esse	aperturum esse	acturum esse	captum esse	futurum esse
Passiv	amatum iri	monitum iri	apertum iri	actum iri	captum iri	–
Deponens	miraturum esse	fassurum esse	mentiturum esse	locuturum esse	moriturum esse	–

Funktion

Verwendung im Satzmodell

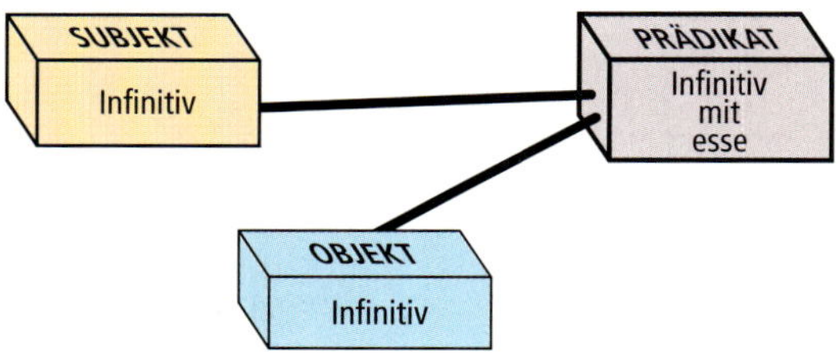

Verwendungshäufigkeit

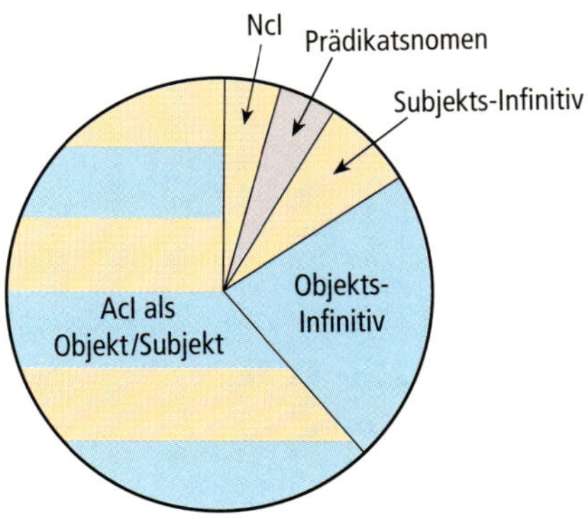

1 Der Infinitiv erfüllt die **syntaktische Funktion**

1.1 des **Subjekts** nach unpersönlichen Ausdrücken (**Subjektsinfinitiv**):

Miseros **adiuvare** decet.	Arme **zu unterstützen** gehört sich.
Legere iuvat.	**Lesen** macht Spaß.

1.2 des **Objekts** nach Verben des Wollens, Könnens, Beschließens u.ä. (**Objektsinfinitiv**):

Caesar Rubiconem **transire** statuit. / studuit. / ausus est.

Cäsar beschloss / wollte / wagte den Rubikon **(zu) überschreiten**.

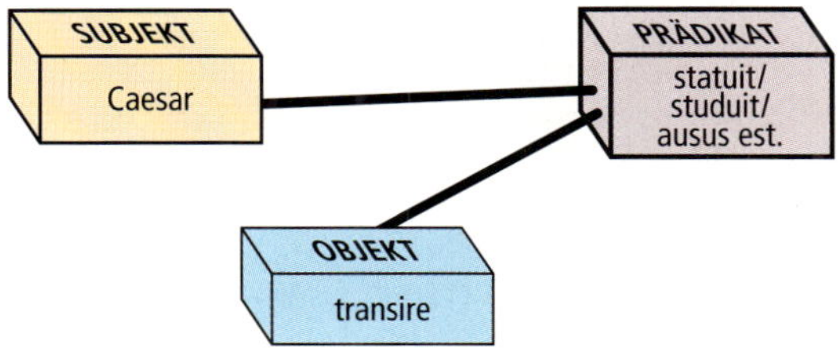

1.3 des **Prädikats** in Gestalt des Prädikatsnomens in Verbindung mit der Copula esse:

Vivere est **cogitare**. — Leben heißt **denken**.

2 Der Infinitiv kann ein eigenes Subjekt im Akkusativ bei sich haben.
Diese Konstruktion heißt **AcI** (**Accusativus cum Infinitivo**):

Senatores Caesarem **adesse** / **venisse** viderunt.

Die Senatoren sahen, dass Cäsar **anwesend war**. / dass Cäsar **gekommen war**.

2.1 Der AcI lässt sich in der Regel nicht wörtlich übersetzen. Im Deutschen muss die Konstruktion umgebaut werden, meistens in einen dass-Gliedsatz.

Umbau-Regel:

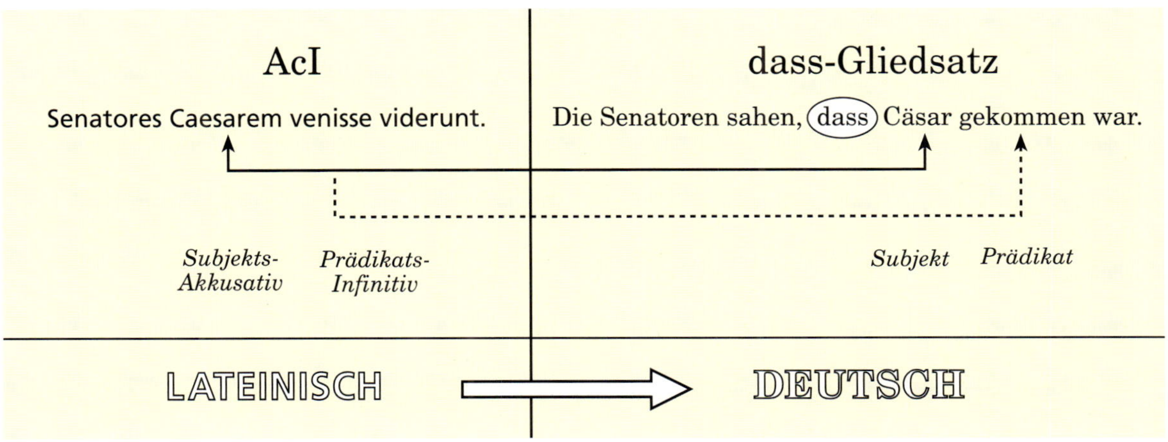

2.2 Der AcI stellt eine **satzwertige Konstruktion** dar; denn seine Aussage lässt sich als eigenständiger Satz formulieren: *Senatores viderunt: Caesar adest/ vēnit.*
Diese Eigenart lässt sich im Satzmodell folgendermaßen veranschaulichen:

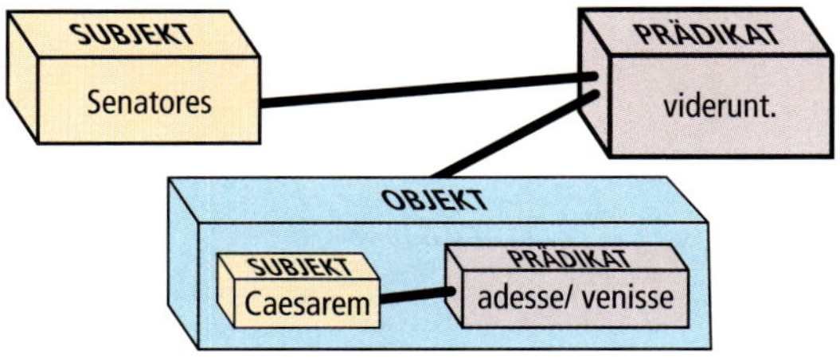

2.3 Der AcI kann die **syntaktische Funktion** des **Objekts** oder **Subjekts** erfüllen:

① Tacitus **Romam incendio deletam esse.** tradit. — Tacitus berichtet, **dass Rom durch einen Brand zerstört wurde**.

② **Romam incendio deletam esse** constat. — **Dass Rom durch einen Brand zerstört wurde,** ist bekannt.

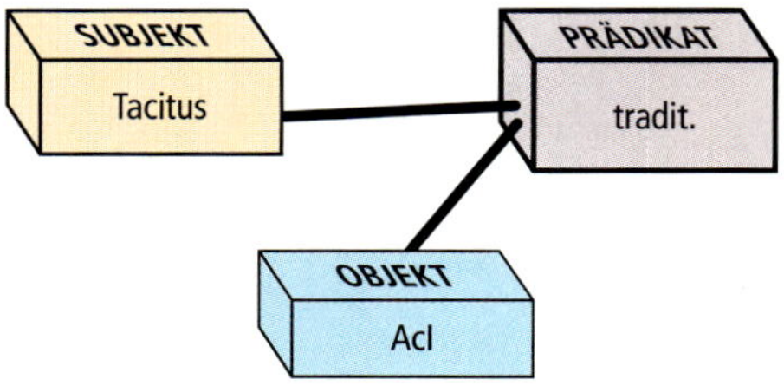

2.4 Der AcI, der eine Aussage über eine Tatsache oder ein Urteil enthält, steht vornehmlich nach den

Verben

des Sagens	des Wahrnehmens und Glaubens	der Gemütsbewegung	der unpersönlichen Feststellung
z.B. dicere nuntiare iurare persuadere	z.B. videre sentire sperare iudicare	z.B. gaudere mirari queri	z.B. apparet constat necesse est fama est

2.5 Die **Reflexiv-Pronomina** sui/ sibi/ se – suus/ sua/ suum im AcI stellen die Beziehung her:
1. auf das **Subjekt des AcI**:

① Cato *Graecos* **se** prudentes praestare sentiebat.	Cato merkte, dass die Griechen **sich** als klug erwiesen.
② Cato *Graecos* **suis** moribus Romanis nocere querebatur.	Cato klagte darüber, dass die Griechen durch **ihre** Wesensart den Römern schadeten.

2. auf das **Subjekt des Satzes**, in dem der AcI steht:

Cato	**Cato** sagte, dass
se Graecos odisse/	**er** die Griechen hasse./
sibi Graecos odio esse/	**ihm** die Griechen verhasst seien./
suos cives a Graecis corrumpi dixit.	**seine** Mitbürger von den Griechen verdorben würden.

2.6 Zwischen dem Vorgang des AcI und dem Satz, in dem der AcI steht, kann ein **dreifaches Zeitverhältnis** herrschen; dieses lässt sich am Infinitiv des AcI feststellen:

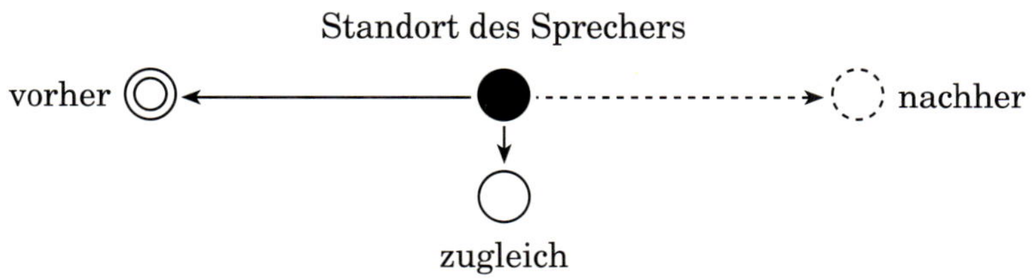

	Infinitiv Perfekt	**Infinitiv Präsens**	**Infinitiv Futur**
LATEINISCH	Vorzeitigkeit	Gleichzeitigkeit	Nachzeitigkeit
	Scio me in tempore **venisse**.	Scio me in tempore **venire**.	Scio me in tempore **venturum esse**.
DEUTSCH	Ich weiß, dass ich rechtzeitig **gekommen bin**.	Ich weiß, dass ich rechtzeitig **komme**.	Ich weiß, dass ich rechtzeitig **kommen werde**.

2.7 Wiedergabe im Deutschen

nach puto o.ä.	nach apparet o.ä.	*Art der Wiedergabe*
① **ich glaube, dass**	**es ist offensichtlich, dass …**	*dass-Gliedsatz*
② **ich glaube zu …**	–	*Infinitiv*
③ er tut, **wie ich glaube, …**	–	*Einschub*
④ er tut **meiner Meinung nach …**	–	*präpositionale Verbindung*
⑤ –	–	*Adverb*

3

Nach bestimmten passivisch gebrauchten Verben kann das Subjekt des Satzes zugleich das Subjekt des Infinitivs sein, dieses steht demnach im Nominativ.
Diese Konstruktion heißt **NcI** (**Nominativus cum Infinitivo**):

Nero urbem **incendisse** dicitur.	Man sagt, dass Nero die Stadt angezündet hat.

NcI

3.1 Der NcI lässt sich nicht wörtlich übersetzen; deshalb muss die Konstruktion im Deutschen umgebaut werden, und zwar in der Regel zu einem dass-Gliedsatz:

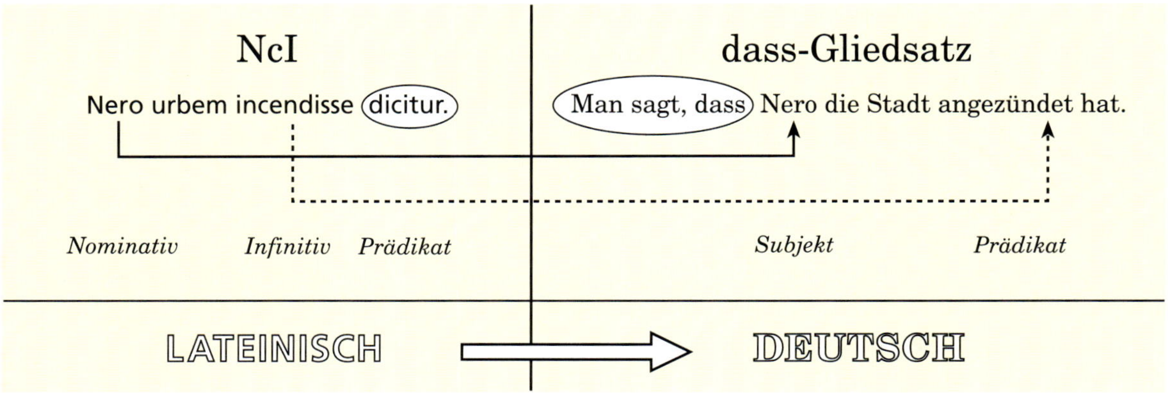

3.2 Der NcI erfüllt die **syntaktische Funktion** des **Subjekts** und ist satzwertig.

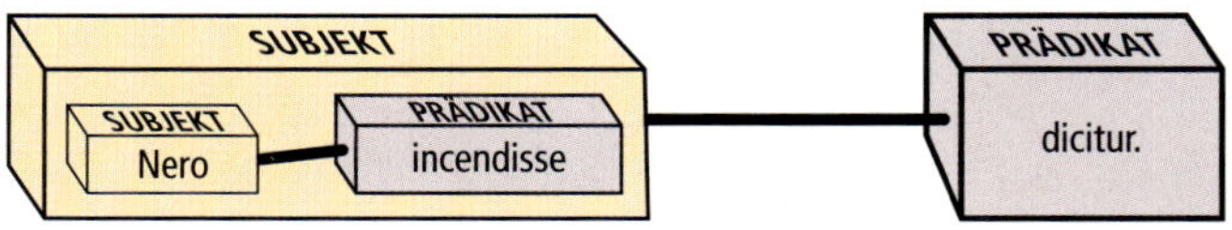

3.3 Wiedergabe des NcI im Deutschen

nach dicitur …	nach videtur …	*Art der Wiedergabe*
① **man sagt, dass** er …	**es scheint, dass** er …	*dass-Gliedsatz*
② er **soll** …	er **scheint zu** …	*Infinitiv*
③ er tut, **wie man sagt,** …	er tut, **wie es scheint,** …	*Einschub*
④ er tut **angeblich**	er tut **offensichtlich** …	*Adverb*

Beachte:

Galli naves mittere **iussi sunt.**	**Man befahl den Galliern** Schiffe zu schicken.
Naves reparari **iussae sunt.**	**Man befahl die Schiffe** wiederherzustellen.

17 Partizip

Formenbestand

In den **Formen des Partizips**, die von bestimmten Tempusstämmen abgeleitet sind, drückt sich **ein dreifaches Zeitverhältnis** aus:

Gleichzeitigkeit						
Aktiv	amans, -ntis[1]	monens	aperiens	agens	capiens	
Deponens	mirans	fatens	mentiens	loquens	moriens	
Vorzeitigkeit						
Passiv	amatus, -a, -um	monitus, -a, -um	apertus, -a, -um	actus, -a, -um	captus, -a, -um	
Aktiv (Deponens)	miratus, -a, -um	fassus, -a, -um	mentitus, -a, -um	locutus, -a, -um	mortuus, -a, -um	
Nachzeitigkeit						
Aktiv	amaturus, -a, -um	moniturus, -a, -um	aperturus, -a, -um	acturus, -a, -um	capturus, -a, -um	futurus, -a, -um (zu esse)
Deponens	miraturus, -a, -um	fassurus, -a, -um	mentiturus, -a, -um	locuturus, -a, -um	moriturus, -a, -um	

[1]) Das Partizip Präsens wird wie ein Adjektiv der Konsonantischen Deklination flektiert mit Ausnahme des Ablativs Singular (-e, z.B. amante).

Funktion

Das Partizip fungiert im Satz vor allem als **Adverbiale**, seltener als **Attribut**, **Subjekt** oder **Objekt**, nur in besonderen Fällen als **Prädikatsnomen**.

VERWENDUNG IM SATZMODELL

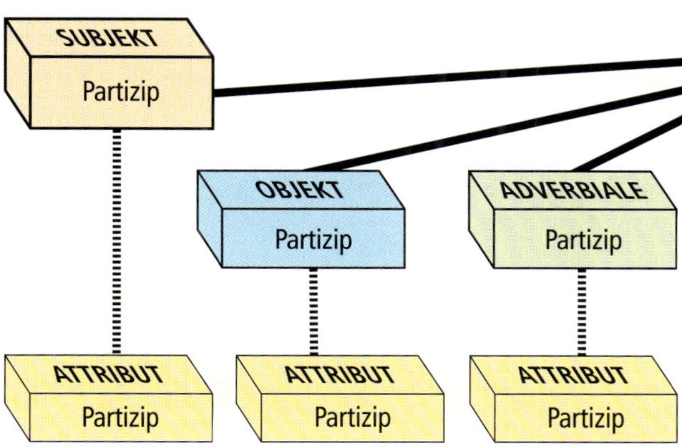

VERWENDUNGSHÄUFIGKEIT

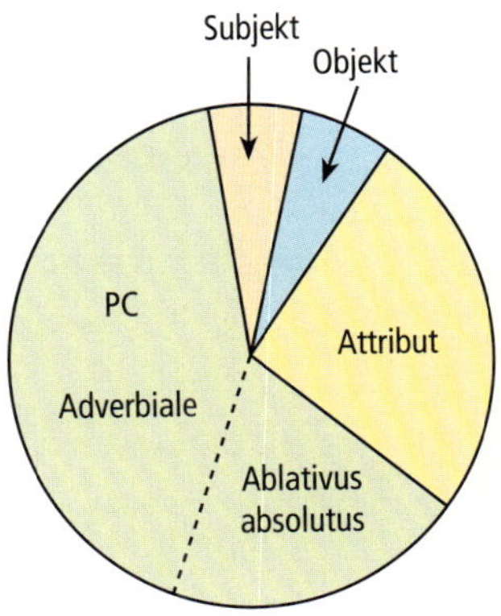

1 Als 

begegnet das Partizip in zwei Erscheinungsformen, als **Participium coniunctum** oder als **Ablativus absolutus**.

PC

1.1 Beim **Participium coniunctum** (PC) ist das Partizip in seiner syntaktischen Funktion als Adverbiale **mit einem anderen Satzglied** (Subjekt oder Objekt) **„verbunden"**, mit diesem stimmt es in Kasus, Numerus und Genus überein.

① **Civitas a** Catilina **oppressa** in summo periculo erat. — Der Staat war, von Catilina bedroht, in höchster Gefahr.

② Cicero **civitatem** a Catilina **oppressam** defendit. / Cicero **civitati** a Catilina **oppressae** affuit. — Cicero verteidigte den Staat, / half dem Staat, als er von Catilina hart bedrängt worden war.

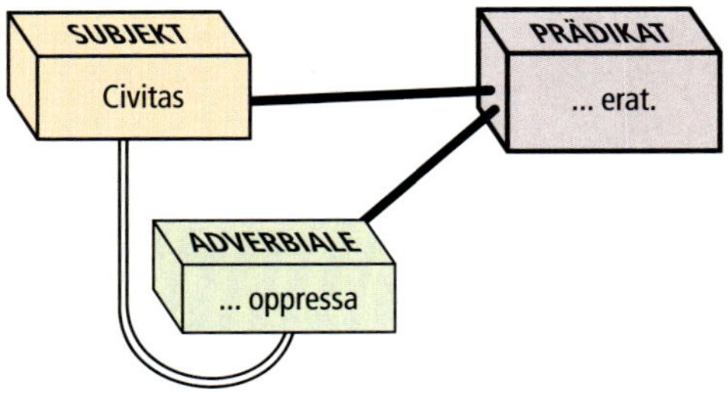

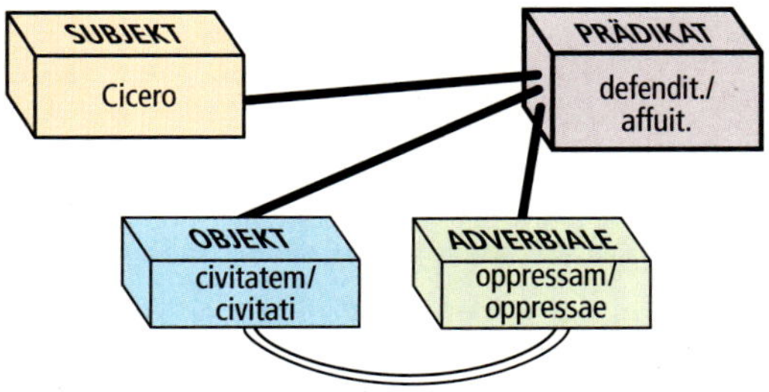

1.2 Beim **Ablativus absolutus** (Abl. abs.) erfüllt das Partizip zusammen mit einem Nomen im Ablativ, das kein anderes Satzglied (Subjekt oder Objekt) darstellt, die syntaktische Funktion **des Adverbiales**; diese Einheit ‚Nomen und Partizip' ist gewissermaßen vom Rest des Satzes **„losgelöst"** („absolut").

Abl. abs.

Cicero **civitate** a Catilina **oppressa** fortissimus erat. — Cicero war, als der Staat von Catilina bedrängt worden war, sehr tapfer.

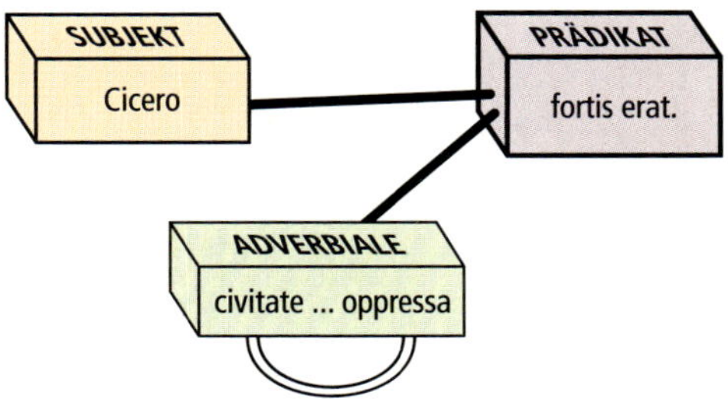

1.3 **Participium coniunctum** und **Ablativus absolutus** stellen jeweils eine **satzwertige Konstruktion** dar, ihre Ausage lässt sich jeweils als Gliedsatz formulieren:

PC	**Civitas**	, cum *oppressa* esset, **oppressa**	in summo periculo erat.
	Cicero **civitatem**	, cum *oppressa* esset, **oppressam**	defendit.
Abl. abs.	Cicero	, cum *civitas oppressa* esset, **civitate oppressa**	fortissimus erat.

PC

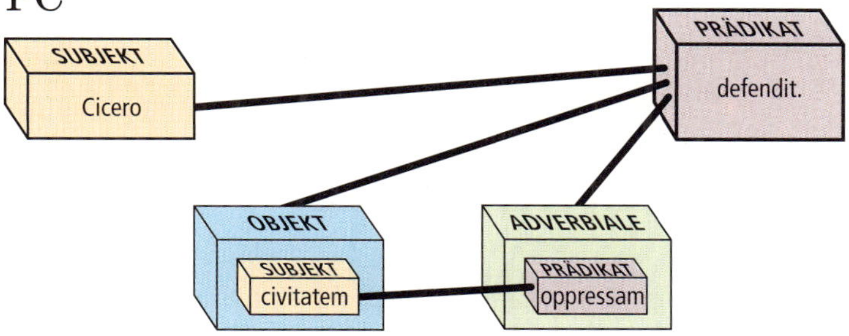

Abl. abs.

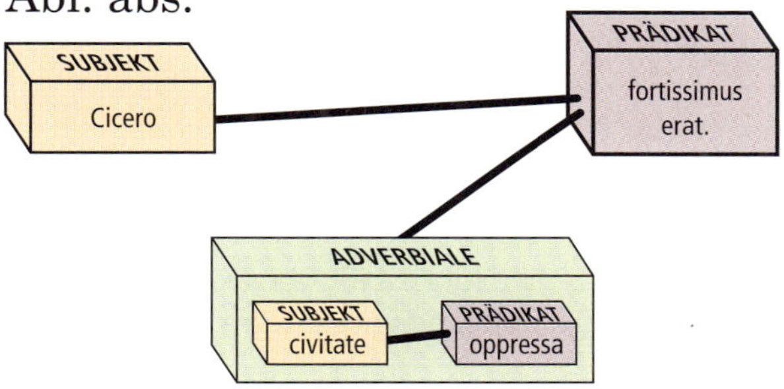

1.4 Beim **Participium coniunctum** wird ein dreifaches, beim **Ablativus absolutus** in der Regel ein zweifaches **Zeitverhältnis** unterschieden.

		Partizip Perfekt	Partizip Präsens	Partizip Futur
LATEINISCH		Vorzeitigkeit	Gleichzeitigkeit	Nachzeitigkeit
	PC / Abl. abs.	**Locutus** \ abiit. **Re gesta** /	**Cantantes** \ sedebant. Sole **lucente** /	Venimus / vos **adiuturi**. \ ________
DEUTSCH		**Nach der Rede** / **Nach Erledigung der Sache** — ging er weg.	**Singend** / **Bei strahlendem Sonnenschein** — saßen sie da.	Wir kommen — **um euch zu helfen.** / ________

1.5 Wiedergabe im Deutschen

a) Übersetzungsmöglichkeiten

LATEIN	Athletae	① ad suos **redeuntes** ② in patriam **reportati** ③ **civibus** valde **gaudentibus** ④ **ludis Olympiis finitis**	dies festos agebant.
DEUTSCH	Die Wettkämpfer	feierten ein Fest …	
	① …, als sie zu den Ihren zurückkehrten.	① bei der Rückkehr zu den Ihren.	① Die Athleten kehrten zu den Ihren zurück und … .
	② …, als sie in die Heimat zurückgebracht worden waren.	② nach dem Transport in die Heimat.	② Die Athleten waren in die Heimat zurückgebracht worden und … .
	③ …, wobei die Bürger voller Freude waren.	③ unter der großen Freude der Bürger.	③ … dabei freuten sich die Bürger sehr.
	④ …, als die Olympischen Spiele beendet waren.	④ nach dem Ende der Olympischen Spiele.	④ Die Olympischen Spiele waren beendet (worden); da …
	Unterordnung	**Präpositionale Verbindung**	**Beiordnung**

b) Umbau der Konstruktion

Das **adverbial gebrauchte Partizip** lässt sich in der Regel **nicht wörtlich** wiedergeben.

- Beim **Participium coniunctum** ist manchmal die Wiedergabe als **satzwertiges Partizip** möglich:

①	in urbem redeuntes	in die Stadt zurückkehrend
②	in patriam reducti	in die Heimat zurückgebracht

Meist muss aber auch hier eine stilistisch bessere Wiedergabe mit einer anderen Konstruktion gesucht werden.

- Beim **Ablativus absolutus** muss in jedem Fall im Deutschen die Konstruktion umgebaut werden, und zwar am häufigsten in einen **adverbialen Gliedsatz**.
  Dabei gilt folgende Umbau-Regel:

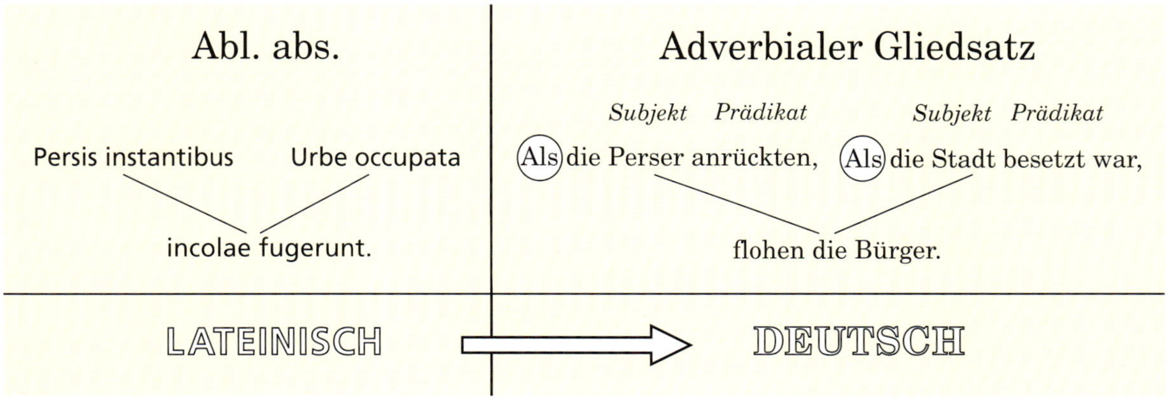

Nicht selten ist im Abl. abs. mit PPP ein Vorgang ausgedrückt, der nur der äußeren Form nach im Passiv steht, dem Sinn nach aber vom Subjekt des Satzes ausgeführt wird. Im Deutschen sollte hier das Partizip aktivisch wiedergegeben werden:

Persae **urbe occupata** aedificia deleverunt.	Die Perser **besetzten die Stadt** *und* zerstörten (*dann*) die Gebäude.

1.6 Verschiedene Sinnrichtungen

Das Partizip ist in seiner **syntaktischen Funktion** jeweils auch Träger von Sinn und Bedeutung; es kommt ihm aber jeweils auch eine **semantische Funktion** zu. Bei der Wiedergabe sind demnach zusammen mit dem Zeitverhältnis auch die im Partizip erfassten Sinnrichtungen angemessen zu berücksichtigen.

Diese Sinnrichtungen können in drei Strukturen im Deutschen wiedergegeben werden: als **untergeordneter Gliedsatz**, als **präpositionale Verbindung** und als **beigeordneter Hauptsatz**.

In den Beispielsätzen sind jeweils deutsche Wiedergaben gewählt, die am tauglichsten erscheinen.

	ÜBERSETZUNGSMÖGLICHKEITEN					
Unterordnung	**GZ** während **VZ** als/ nachdem	**GZ** da/ weil **VZ**	**GZ** indem/ wobei	**GZ** obwohl/ wenn auch **VZ**	**GZ** wenn/ falls **VZ**	**NZ** damit/ um zu
Präp. Verb.	**GZ** während **VZ** nach	wegen/ infolge	bei/ unter	trotz	bei/ im Falle	zum Zweck/ um … willen
Beiordnung	**GZ** dabei **VZ** daraufhin/ dann	daher/ deshalb	dabei/ dadurch	trotzdem/ dennoch	–	–
	temporal	kausal	modal	konzessiv	kondizional	final
PARTICIPIUM CONIUNCTUM	Patriam **videntes**/ In patriam **reportati** gaudebamus.	Valde **gaudens**/ Magno gaudio **impletus** felix eram.	Multi **laborantes** dies peragunt.	Valde **laborantes**/ Multis doloribus **vexati** iter fecimus.	Novas res **invenientes**/ In studia litterarum **inducti** vobis magnum honorem parabitis.	Venimus vos **visitatum.**
	Beim Anblick der Heimat/ **Als** wir in die Heimat **zurückgebracht worden waren**, waren wir froh.	**Ich war** sehr **froh**/ **von** großer Freude **erfüllt** (worden); *deshalb* war ich glücklich.	Viele verbringen die Tage **in Arbeit**/ **indem sie arbeiten.**	**Trotz** starker **Qualen**/ **Obwohl** wir von starken Schmerzen **gequält wurden**, machten wir die Reise.	**Falls** ihr Neues **entdeckt**/ **Falls** ihr in das Studium der Wissenschaft **eingeführt seid**, werdet ihr große Anerkennung erhalten.	Wird sind gekommen **um** euch **zu besuchen**.
ABLATIVUS ABSOLUTUS	**Multis spectantibus**/ Civibus **reditu nostro nuntiato** urbem intravimus.	**Sole lucente**/ **Die** nondum **praeterito** paulum ambulemus!	**Vobis non negantibus** in villa vestra quievimus.	**Nocte appropinquante**/ **Tempestate orta** non rediimus.	**Pace conveniente**/ **Pace facta** urbs restituitur.	–
	Während viele zuschauten/ **Als unsere Ankunft** den Bürgern **gemeldet worden war**, zogen wir in die Stadt ein.	**Bei strahlender Sonne**/ **Da der Tag** noch nicht **vorbei ist**, wollen wir ein wenig spazieren gehen!	**Ohne dass ihr etwas dagegen hattet**, haben wir uns in eurem Landhaus ausgeruht.	**Trotz nahender Nacht**/ **Obwohl ein Unwetter aufgezogen** war, kehrten wir nicht um.	**Wenn Friede zustande kommt**/ **Im Falle eines Friedensschlusses** wird die Stadt wieder aufgebaut.	–

2 Seltenere Funktionen des Partizips

2.1 Als 

oder 

fungiert das Partizip in seiner **substantivierten Form**, und zwar nur auf besondere Fälle beschränkt, z.B.:

amans	der/ die Liebende	scripta	Schriftstücke
moriturus	der Todgeweihte	iussum	der Befehl
docti	die Gelehrten	futura	die Zukunft

Ave, Caesar, morituri te salutant. — Heil dir, Cäsar, die Todgeweihten grüßen dich.

2.2 Als 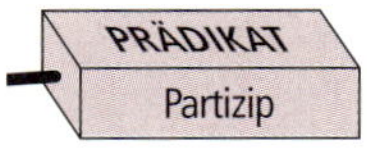

fungiert das Partizip sehr selten in der Gestalt des **Prädikatsnomens** mit esse; in diesen Fällen besitzt das Partizip den Charakter eines Adjektivs, z.B.:

diligens	sorgfältig, gewissenhaft	desertus, -a, -um	verlassen
absens	abwesend	neglegens (*m. Gen.*)	nachlässig

Consul officiorum neglegens fuit. — Der Konsul war pflichtvergessen.

2.3 Als 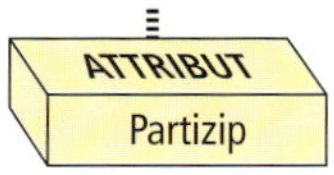

begegnet das Partizip, wenn dadurch ein Nomen in seiner besonderen Eigenart näher bestimmt werden soll; bei einem erweiterten Partizip empfiehlt sich im Deutschen die Wiedergabe mit einem Relativsatz ②:

Admiremur ① viros **diligentes**!
Admiremur ② viros commodis civitatis **deditos**!

Wollen wir **gewissenhafte** Männer bewundern!
Wollen wir Männer, **die sich** den Interessen des Staates **widmen**, bewundern!

2.4 Besonderheiten

a) Das Partizip Perfekt einiger **Deponentien** und **Semideponentien** drückt beim PC die **Gleichzeitigkeit** aus, z.B.:

arbitratus, ratus	im Glauben, in der Meinung („meinend“)
veritus	aus Angst („fürchtend“)
usus (*m. Abl.*)	mit Hilfe von („gebrauchend“)
confisus (*m. Abl.*)	im Vertrauen auf („vertrauend“)

Caesar inopiam frumenti **veritus** non longius progressus est. — Weil Cäsar Getreidemangel **befürchtete**, rückte er nicht weiter vor.

Häufig sind von solchen Partizipien andere Konstruktionen abhängig:

1. AcI

Arbitratus bellum celeriter confici posse …

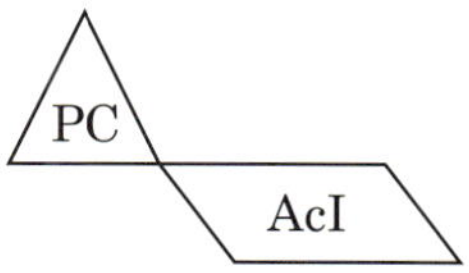

Im Glauben, der Krieg könne schnell beendet werden…

2. Gliedsatz

Veritus, ne Galli impetum facerent …

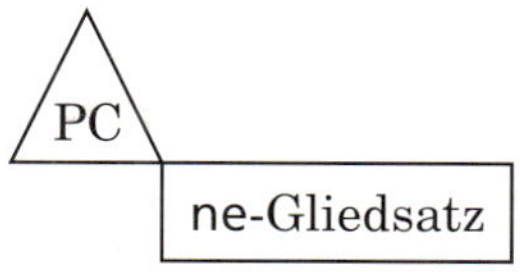

In der Furcht, die Gallier würden angreifen…

b) Der Abl. abs. tritt gelegentlich als bloße **nominale Wendung** auf, z.B.:

(Themistocle) duce	unter Führung (des Themistokles)
(Caesare) auctore	auf Veranlassung (Cäsars)
(Hannibale) vivo	zu Lebzeiten (Hannibals)
(Cicerone) consule	unter dem Konsulat (Ciceros)

Cicerone auctore Catilina ex urbe evasit. **Auf Ciceros Veranlassung** verließ Catilina die Stadt.

18 Gerundium

Gd

Formenbestand

Die **Formen des Gerundiums** dienen dazu, den **Infinitiv** zu **substantivieren**, und zwar für den Genitiv, den Dativ, den Akkusativ mit der Präposition ad und den Ablativ.

	amare	monere	aperire	agere	capere	mirari
Genitiv	ama**ndi**	mone**ndi**	aperie**ndi**	age**ndi**	capie**ndi**	mira**ndi**
Dativ	ama**ndo**	mone**ndo**	aperie**ndo**	age**ndo**	capie**ndo**	mira**ndo**
Akkusativ	ad ama**ndum**	ad mone**ndum**	ad aperie**ndum**	ad age**ndum**	ad capie**ndum**	ad mira**ndum**
Ablativ	ama**ndo**	mone**ndo**	aperie**ndo**	age**ndo**	capie**ndo**	mira**ndo**

Funktion

Das **Gerundium** als substantivierter Infinitiv fungiert im Satz vor allem als **Attribut** und als **Adverbiale** (hier häufig in Verbindung mit ad, in, causa), sehr selten als **Objekt**.

VERWENDUNG IM SATZMODELL

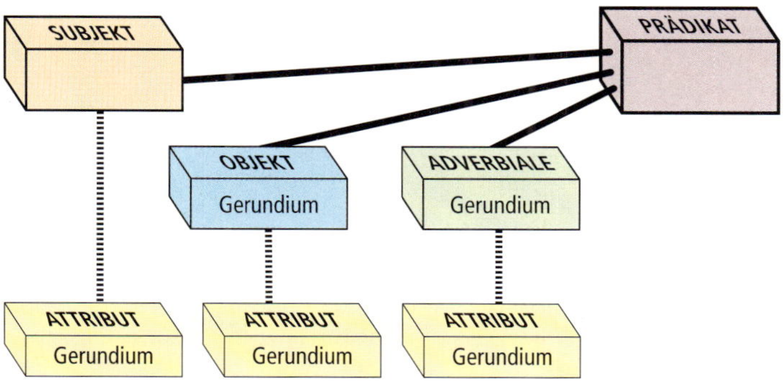

VERWENDUNGSHÄUFIGKEIT

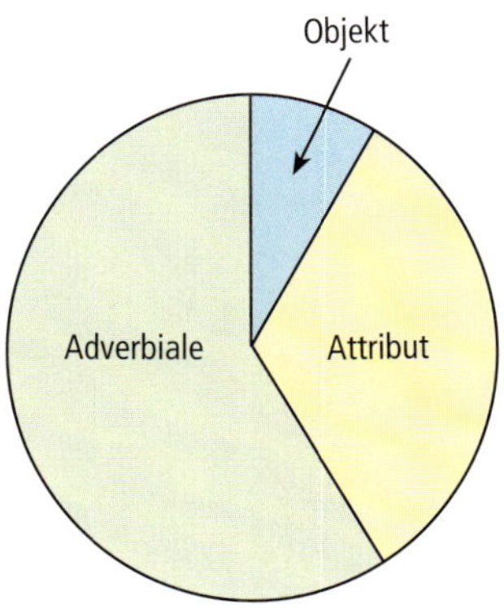

1 Verwendung im Satz

1.1 Als 

ist das Gerundium im Genitiv abhängig von einem Substantiv (**Genitiv-Attribut**).

Ars **cantandi** non omnibus est.	Die Kunst **des Singens** ist nicht allen gegeben.

1.2 Als 

begegnet das Gerundium im **Ablativ** oder **Genitiv** sehr häufig in **Verbindung mit Präpositionen** (bes. ad, in, causa).

Studendo multum efficies.	**Durch eifriges Bemühen,** / **Wenn du dich bemühst,** wirst du viel erreichen.
Cicero Athenas **studendi** causa venit.	Cicero kam nach Athen **des Studiums wegen**. / **um zu studieren**.

1.3 Als 

erscheint das Gerundium in der Funktion des **Genitiv-**, **Dativ-** oder **Präpositionalobjekts**.

Omnes **vincendi** cupidi sunt.	Alle verlangen **nach dem / erstreben den Sieg**.
Operam do **narrando**.	Ich widme mich dem **Erzählen**.
Diu **de redeundo** cogitavimus.	Lange dachten wir **über die Rückkehr nach/ bedachten wir die Rückkehr**.

2 Wiedergabe im Deutschen

Das **Gerundium** lässt sich im Deutschen mit einem **Infinitiv**, einem **Vorgangssubstantiv** oder einem **Gliedsatz** (bei Ablativ: wobei/ indem) wiedergeben. Bei Erweiterung des Gerundiums durch Adverb und/ oder Objekt ist ein **Umbau der Konstruktion** erforderlich:

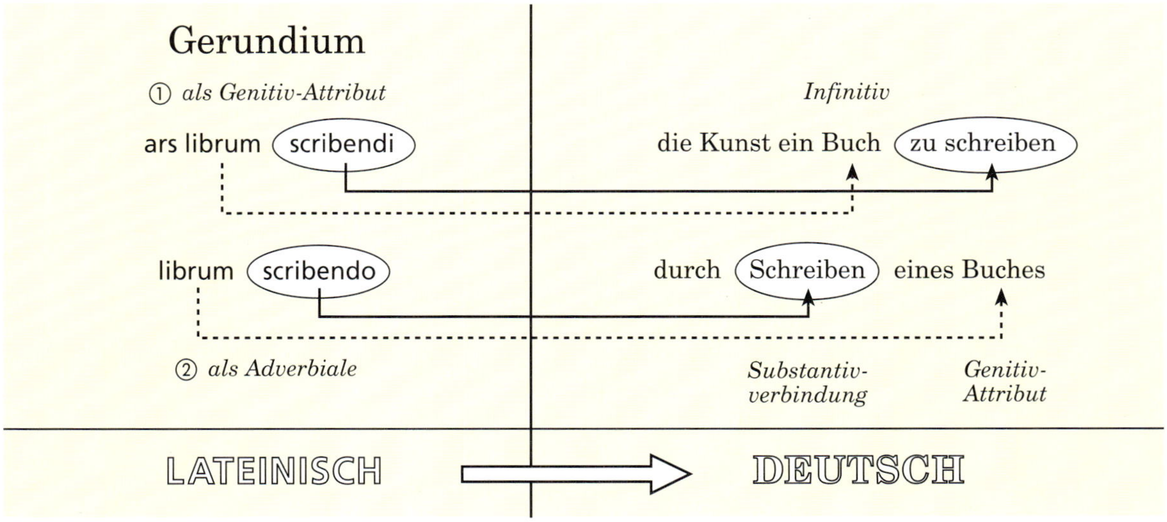

19 Gerundivum

Formenbestand
Das **Gerundivum** stellt ein Verbaladjektiv dar, das die Endungen der a- und o-Deklination aufweist.

Nominativ Genitiv Dativ Akkusativ Ablativ	amandus, -a, -um amandi, -ae, -i *usw.*	monendus … monendi … *usw.*	aperiendus … aperiendi … *usw.*	agendus … agendi … *usw.*	capiendus … capiendi … *usw.*	mirandus … mirandi … *usw.*

Funktion

Das **Gerundivum** erscheint im Satz in **zwei grundverschiedenen Wirkungszusammenhängen als Gerundivum-V und als Gerundivum-N:**

1 **Gerundivum-V**
Das **Gerundivum** drückt einen sich **vollziehenden Vorgang** aus: Es fungiert im Satz – wie das Gerundium – als **Attribut** und **Adverbiale**, sehr selten als **Objekt**.

VERWENDUNG IM SATZMODELL

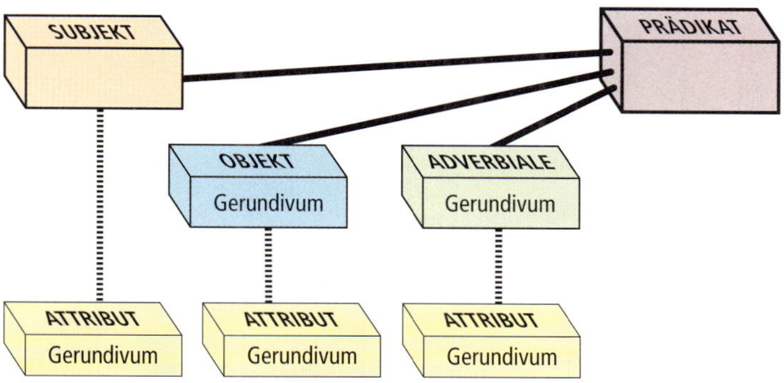

VERWENDUNGSHÄUFIGKEIT

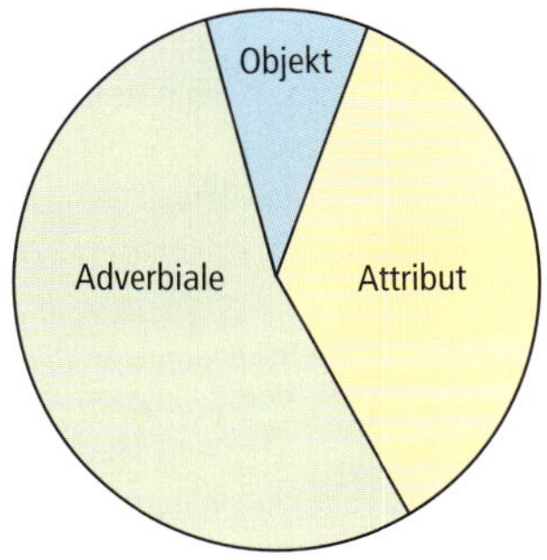

1.1 Als 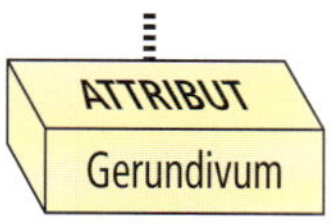

fungiert die Verbindung **Substantiv + Gerundivum** in Form des **Genitiv-Attributs**.

① Ars **rei publicae gerendae** difficilis est.

Die Kunst **der Staatsführung** / **den Staat zu führen** ist schwer.

1.2 Als 

begegnet die Verbindung **Substantiv** mit **Gerundivum** im **Ablativ**, sehr häufig in **Verbindung mit Präpositionen** (bes. ad/ in/ causa).

② Nonnulli homines voluptatem **libris legendis** appetunt.	Manche Menschen suchen nach Unterhaltung durch **Lesen von Büchern./ indem sie Bücher lesen**.
③ Cives in urbem veniunt **ad dies festos celebrandos**.	Die Bürger kommen in die Stadt **zur Feier der Festtage./ um die Festtage zu feiern**.
④ **In pace petenda** multum effecimus.	**Beim Bemühen um Frieden** haben wir viel erreicht.
⑤ **Fluminis transeundi** causa milites naves construxerunt.	**Um den Fluss zu überqueren** bauten die Soldaten Schiffe.

a) Das Gerundivum als Adverbiale stellt eine **satzwertige Konstruktion** dar; seine Aussage lässt sich als eigenständiger Satz formulieren: Homines libros legunt; <ita voluptatem appetunt ②.

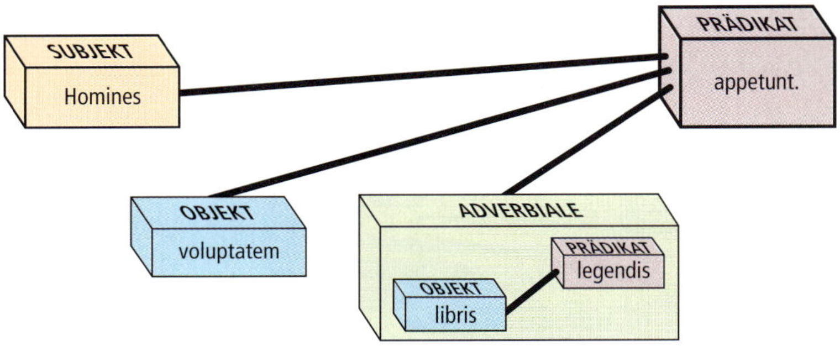

b) Das Gerundivum als Adverbiale steht nach bestimmten Verben wie dare, tradere, curare zur Angabe des Zweckes.

Cicero **curiam** armis **tegendam** curavit.	Cicero ließ die Kurie **mit Waffen** schützen.
Alexander Aristoteli **educandus** traditus est.	Alexander wurde Aristoteles **zur Erziehung** anvertraut.

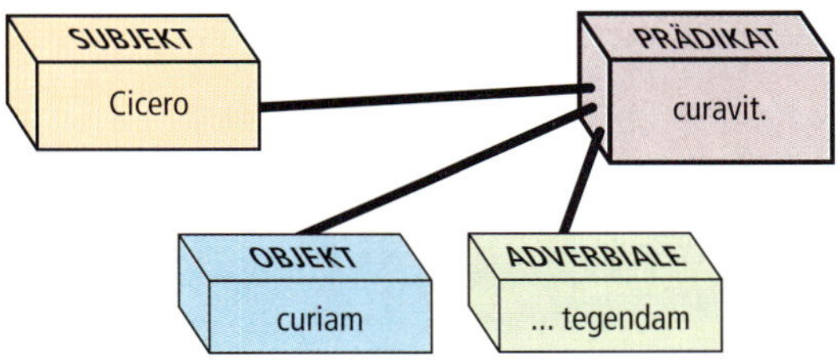

1.3 **Gerundivum-V**: Wiedergabe im Deutschen

a) Das Gerundivum zur Bezeichnung eines sich vollziehenden Vorgangs – als Attribut und Adverbiale – lässt sich im Deutschen wiedergeben:
- mit einem **Vorgangssubstantiv** ①②③④,
- mit einem **Infinitiv mit „zu“** ①,
- mit einem **erweiterten Infinitiv** mit „um … zu“ ④⑥,
- mit einem **adverbialen Gliedsatz** ②.

b) Das **Gerundivum** wird in dem Wirkungszusammenhang, der hier erfasst wird, **im Wechsel mit dem Gerundium** gebraucht; deshalb sind die Wiedergabemöglichkeiten im Deutschen gleich.

① facultas **discendi** artem / **artis discendae**	die Möglichkeit **eines Kunststudiums/ Kunst zu studieren**
② res **gerendo** / **rebus gerendis**	**durch Vollbringen von Taten/ indem** man **Taten vollbringt**

Umbauregel:

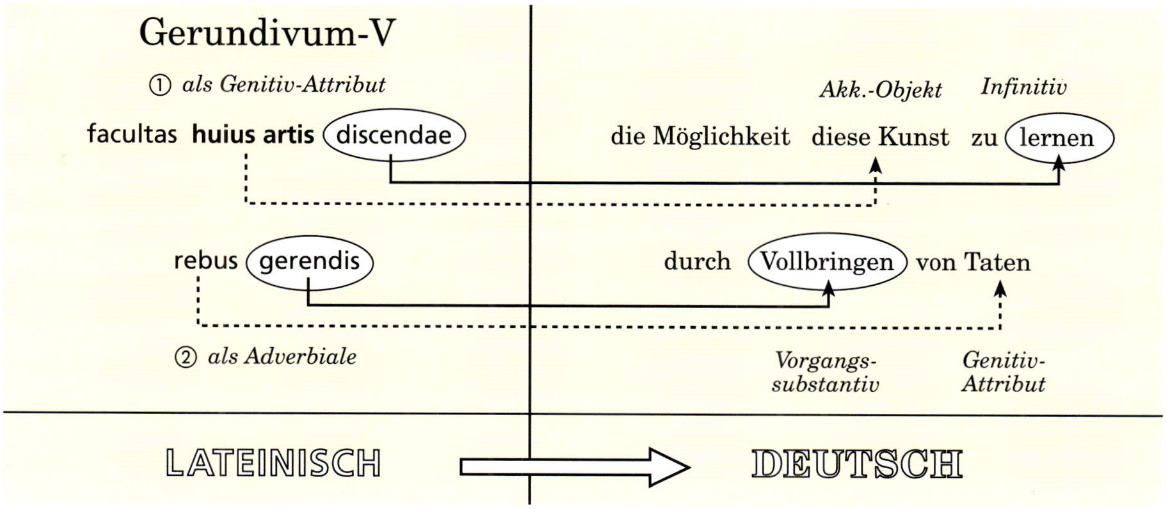

2 Gerundivum-N

Das **Gerundivum** dient zum Ausdruck einer **Notwendigkeit**: **Gerundivum-N**. Es erfüllt im Satz nur als **Prädikatsnomen** zusammen mit einer Form von esse die syntaktische Funktion des Prädikats.

2.1 Das **Gerundivum mit esse** (Gerundivum-N) kann sich bei einem transitiven Verb auf eine **Person oder Sache** beziehen, die im Satz das **Subjekt** darstellt (**persönliche Konstruktion**); mit diesem stimmt es in Kasus, Numerus und Genus überein.

① Philosophia **explicanda est.**	Die Philosophie **ist zu erklären/ muss erklärt werden.**
② Libri **legendi erant.**	Die Bücher **mussten gelesen werden.**
③ Pacta **servanda sunt.**	Verträge **muss man halten.**
④ Foedus **rumpendum non** est.	Ein Bündnis **darf man nicht brechen.**

2.2 Das **Gerundivum mit esse** (Gerundivum-N) kann sich im Satz **auf keine Person oder Sache** beziehen (**unpersönliche Konstruktion**). Dies ist sowohl bei transitiven ① – ⑤ als auch bei intransitiven ⑥ ⑦ Verben der Fall.
Hier ist gewissermaßen im Prädikat ein unpersönliches Subjekt enthalten.

⑤ **Agendum est.**	**Es gilt zu handeln./ Man muss handeln.**
⑥ **Dubitandum non est.**	**Es ist nicht zu bezweifeln./ Man darf nicht zweifeln.**
⑦ Civibus **providendum est.**	**Man muss** für die Bürger **sorgen**.

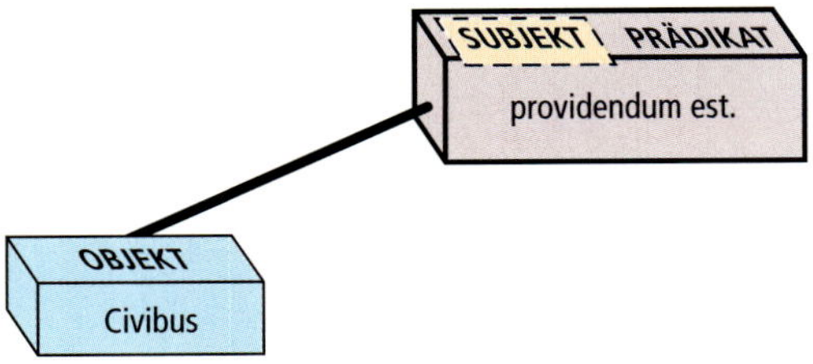

2.3 Die **Person**, die etwas tun muss bzw. etwas nicht tun darf, steht **im Dativ der handelnden Person** (Dativus auctoris).

⑧ *Omnibus/ Mihi* societas augenda est.	*Von allen / Von mir* ist die Gemeinschaft zu fördern. *Alle* müssen/ *Ich* muss …
⑨ Nihil *vobis* timendum erat.	*Ihr* musstet nichts fürchten.
⑩ *Nobis* iuste certandum erit.	*Wir* werden fair kämpfen müssen.
Beachte:	
Civibus providendum est …	Bürger müssen <darauf> achten …
	oder: Man muss für die Bürger sorgen …

2.4 **Gerundivum-N:** Wiedergabe im Deutschen
Das **Gerundivum mit esse** lässt sich im Deutschen wiedergeben mit
- dem **Hilfsverb „sein"** und **Infinitiv mit „zu"** (wenn kein Dat. auct. dabei steht) ①⑤⑥⑧,
- den **Modalverben „müssen"/ „nicht dürfen"**, und zwar
  - mit **Passiv** oder **„man"** (wenn kein Dat. auct. dabei steht) ① – ⑦
  - mit **Aktiv** (wenn ein Dat. auct. dabei steht) ⑧ – ⑩.

Im letzteren Fall ist ein **Umbau der Konstruktion** erforderlich:

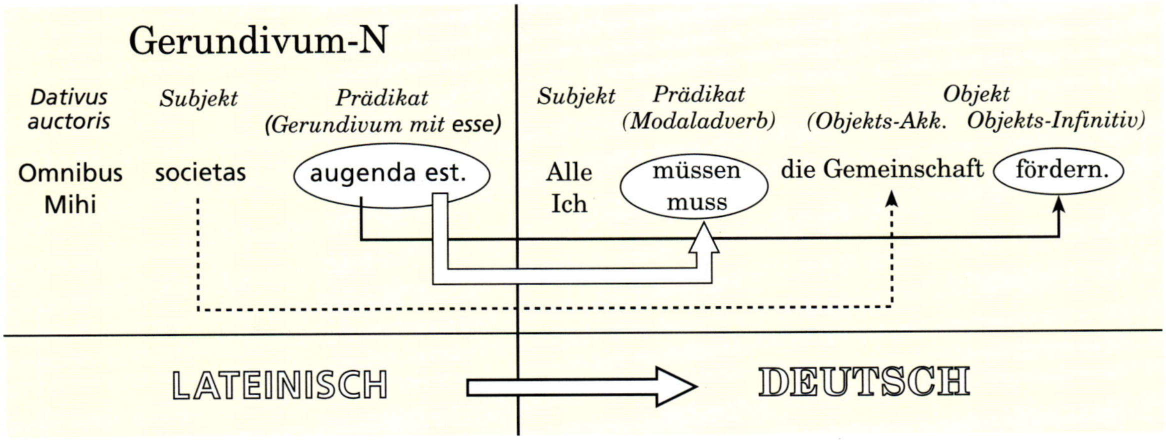

2.5 Das **Gerundivum mit esse** erscheint häufig innerhalb einer AcI-Konstruktion (wobei die Copula esse entfallen kann).

① Ceterum censeo Carthaginem **delendam esse**.	Im Übrigen meine ich, Karthago **muss zerstört werden**.
② Cicero sibi philosophiam **explicandam** dixit	Cicero äußerte, er **müsse** die Philosophie **erklären**.
③ Celeritate **agendum esse** patres clamaverunt.	**Man müsse** schnell **handeln**, riefen die Senatoren.

20 Supinum

Erscheinungsform
Das **Supinum** ist ein **Verbalsubstantiv**, das nach der u-Deklination dekliniert wird, aber nur in zwei Kasus in Erscheinung tritt.

Supinum auf -um	spectatum	deletum	auditum	petitum	captum	miratum
Supinum auf -u	memoratu	visu	auditu	dictu	factu	miratu

Funktion
Das **Supinum** begegnet im Satz je nach Erscheinungsform in zwei verschiedenen Funktionen. Diese sind auf wenige Wendungen begrenzt.

1 Das **Supinum auf -um** fungiert im Satz als  ; es bezeichnet nach Verben der Bewegung den Zweck einer Handlung.

① Cohortes Romanae profectae sunt **frumentatum**.	Die römischen Kohorten zogen aus **um Getreide zu holen**.
② Multi in Circum veniunt **spectatum** certamina.	Viele kommen in den Circus **um** die Wettkämpfe **anzuschauen**.

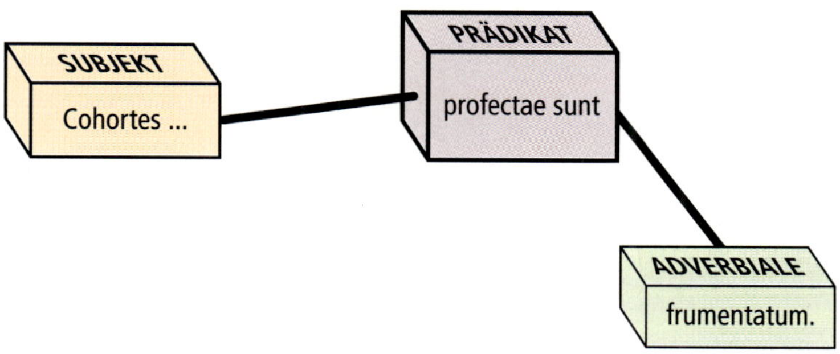

salutat**um** venire	**zur** Begrüßung kommen
mittere rogat**um** auxilium	schicken **um** Hilfe **zu** erbitten

2 Das **Supinum auf -u**, ursprünglich ein finaler Dativ, fungiert im lateinischen Satz als 

.

① Hoc est horribile **dictu**.	Dies ist schrecklich **zu sagen**.
② Quod dixisti, incredibile est **auditu**.	Was du gesagt hast, **klingt** unglaublich (ist unglaublich **zu hören**).

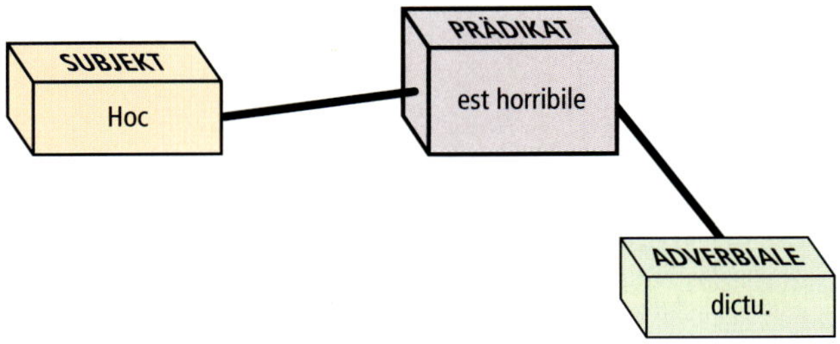

facile **factu**	leicht **zu machen**
mirabile **visu**	wunderbar **anzuschauen**

Hauptsatz – Satzreihe

21 Freie Wortstellung

Ein Satz, der unabhängig für sich selbst besteht, wird **Hauptsatz** genannt. Seine Vielgestaltigkeit ist nicht allein dadurch bedingt, dass die fünf Satzpositionen von verschiedenen syntaktischen Elementen gefüllt sein können, sondern auch dadurch, dass diese Positionen nicht streng festgelegt sind.

Die **Wortstellung** ist im Lateinischen **sehr frei**. Die Satzglieder stehen jeweils dort, wo sie nach dem Willen des Autors ihre Wirkung am stärksten entfalten können und sollen. **Betonungsstellen** sind besonders der **Anfang** und das **Ende** des Satzes. Das **Prädikat** erscheint oft, aber nicht regelmäßig **am Satzende**.

„Normale" Wortstellung

① Graeci Troiam decem annos oppugnaverant.	Die Griechen hatten Troja zehn Jahre lang belagert.

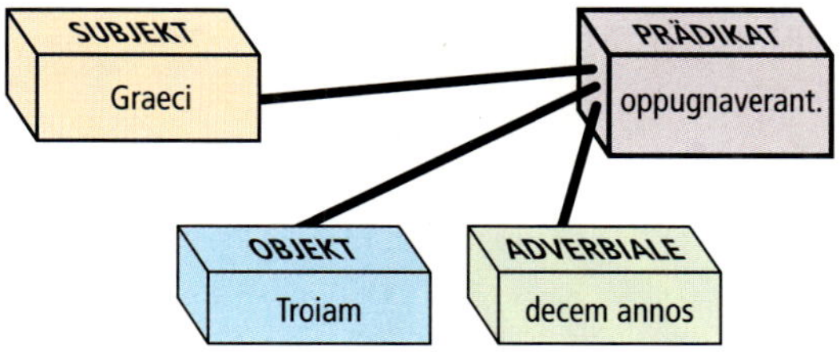

„Variable" Wortstellungen

② **Urbem suam** autem Troiani diutius non obtinuerunt.	Ihre Stadt konnten jedoch die Trojaner nicht länger halten.

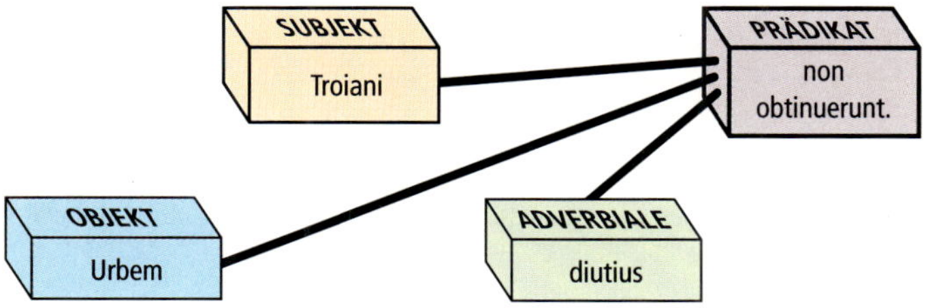

③ **Dolo, non armis** illi Troianos superaverunt. | Mit List, nicht mit Waffen besiegten jene die Trojaner.

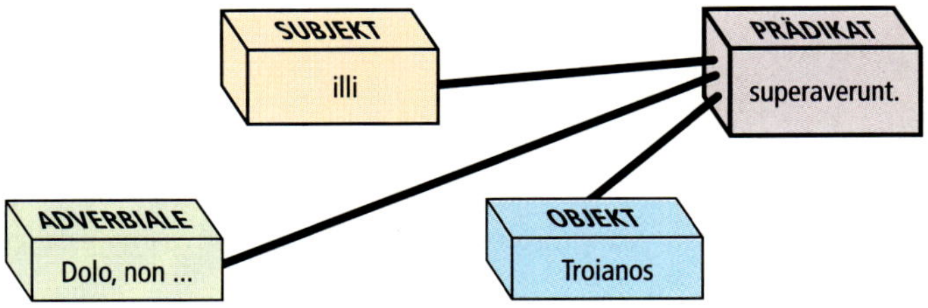

④ **Praebuerunt** hostibus dono **opus mirum: equum ligneum**. | Sie boten den Feinden als Geschenk ein Wunderwerk: das hölzerne Pferd.

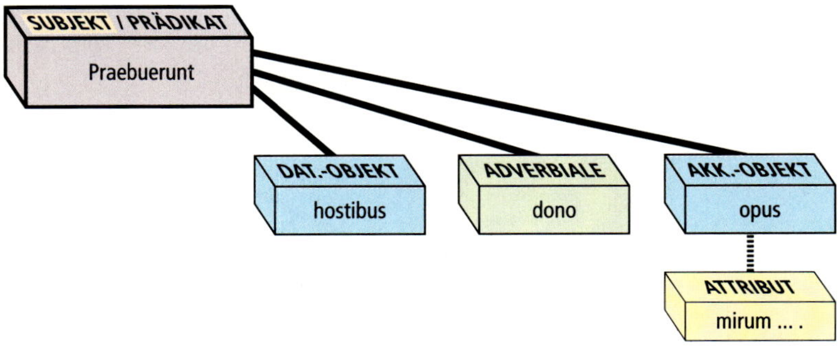

⑤ Troiani portas aperuerunt, **ut ille equus in urbem traheretur**. | Die Trojaner öffneten die Tore, damit jenes Pferd in die Stadt gezogen werden konnte.

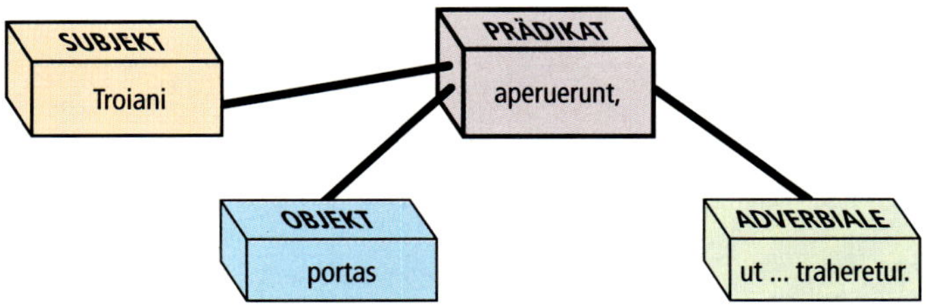

22 Sätze verbunden – unverbunden

Hauptsätze sind **aneinander gereiht**, zu einer **Satzreihe** verbunden.

1 Sätze können **unverbunden** (asyndetisch) nebeneinander stehen.

Veni, vidi, vici.	Ich kam, sah und siegte.

Satzreihe unverbunden:

Veni	vidi	vici

2 Sätze können durch **Verbindungswörter** (Konjunktionen) miteinander **verbunden** sein.

Persae olim Graeciam invadebant. **Itaque** Themistocles bellum prudentissime parabat; navibus **enim** decertare statuit.	Die Perser griffen einst Griechenland an. **Deshalb** rüstete Themistokles sehr klug zum Krieg; er beschloss **nämlich** mit den Schiffen um die Entscheidung zu kämpfen.
Qua/ Ea re Persae Graecos non vicerunt **neque** Xerxes, eorum rex, imperium suum ad occidentem promovit, **sed** rebus male gestis in Asiam rediit. **Ita** unius viri prudentia Graecia liberata est Europae**que** succubuit Asia.	**Darum** konnten die Perser die Griechen nicht besiegen **und** Xerxes, ihr König, konnte sein Reich **nicht** nach Westen ausdehnen, **sondern** kehrte erfolglos nach Asien zurück. **So** blieb durch die Klugheit eines Mannes Griechenland frei **und** Asien unterlag Europa.

Satzreihe verbunden:

	itaque …	… enim	Qua/ Ea re …	neque …	sed …	Ita …	… que …

Die wichtigsten Konjunktionen für eine Satzreihe sind:

anreihend		ausschließend	
et	und, auch	aut	oder
-que	und	vel	oder
atque/ ac	und, und dazu	aut … aut vel … vel	entweder … oder
neque/ nec	und nicht, auch nicht, aber nicht	sive … sive	sei es dass … oder dass
et … et	sowohl … als auch		
neque … neque	weder … noch		
non solum … sed etiam	nicht nur … sondern auch		
entgegensetzend		**begründend**	
autem	aber, und ferner	nam enim	denn, nämlich
vero	aber, vollends	neque enim	nämlich nicht
sed	aber, sondern		
at	aber, jedoch		
tamen	dennoch, doch		
folgernd		**folgernd mit demonstrativischem/ relativischem Satzanschluss**	
itaque/ ita	also, daher	ea re qua re qua de causa	deshalb, dadurch
ergo	also, folglich		
igitur	also, daher		

23 Sätze in der Oratio obliqua

Die **sprachliche Äußerung**, die sich in Sätzen darstellt, kann auch **indirekt** wiedergegeben werden: **Oratio obliqua**.

1 Regeln der Oratio obliqua

1. Die **Aussagesätze** stehen im **AcI** (↗ 16.2).
2. Die **Fragesätze** erscheinen als **abhängige Fragesätze** (↗ 27.3) oder bei **rhetorischen Fragen** als **AcI**.
3. **Befehlssätze** erscheinen als **abhängige Begehrsätze** (↗ 27.2).
4. **Gliedsätze** stehen im **Konjunktiv** (↗ 4.4; 26).
5. Es gelten die **Regeln der Zeitverhältnisse**.
6. Das **Reflexiv-Pronomen** sui, sibi, se stellt meist die Beziehung auf die **sprechende Person** her; es kann hier durch ipse (in einem obliquen Kasus) ersetzt oder verstärkt sein. Seltener bezieht sich ein Reflexiv-Pronomen auf das Subjekt des Satzes, in dem es steht.
7. Die **Pronomina** is, ille beziehen sich entweder auf die **angesprochene Person** oder auf eine **dritte Person**, über die gesprochen wird.

2 Der Weg vom Erkennen zum Übersetzen

Woran erkennt man, dass eine **Oratio obliqua** vorliegt?
Sie hängt in der Regel von einem Verb des Sagens oder einem sinngemäßen Verb ab.
Sie steht nach einem Doppelpunkt, allerdings ohne Anführungszeichen.

Auf **folgende Signale** ist zu achten:

1. Der **AcI** zeigt einen **Aussagesatz** an. Im Infinitiv drückt sich das **Zeitverhältnis** mit aus; dabei gilt:
   ① Infinitiv Perfekt – Vorzeitigkeit
   ② Infinitiv Präsens – Gleichzeitigkeit
   ③ Infinitiv Futur – Nachzeitigkeit
   Aussagesätze sind **im Deutschen** mit entsprechendem **Konjunktiv** wiederzugeben.

Caesari/ Romanis nuntiatum est:

① Ariovistum / Germanos } Rhenum **transisse**.	Ariovist **habe** / Die Germanen **hätten** } den Rhein **überschritten**.
② Ariovistum / Germanos } iam diu in Germania **versari**.	Ariovist **weile** / Die Germanen **weilten** } schon lange in Germanien.
③ Ariovistum } brevi totam Galliam **occupaturum esse**.	Ariovist **werde** bald ganz Gallien **besetzen**.
Germanos } brevi totam Galliam **occupaturos esse**.	Die Germanen **würden** bald ganz Gallien **besetzen**.

2. Der **bloße Konjunktiv** (negiert mit **ne**) zeigt einen **Begehrsatz** an.
   Begehrsätze sind **im Deutschen** mit **solle/ sollten** wiederzugeben.

Caesari/ Romanis nuntiatum est:

Germanis **resisteret/ resisterent**.	**Er solle/ Sie sollten** den Germanen **Widerstand leisten**.
Ne Gallos **desereret/ desererent**.	**Er solle/ Sie sollten** die Gallier nicht im Stich lassen.

3. Der **Konjunktiv** in Sätzen mit **Fragepronomen quis**, **ubi** usw. oder **Fragepartikel num/ -ne** zeigt einen **Fragesatz** an.
   Fragesätze sind im **Deutschen** mit entsprechendem **Konjunktiv** wiederzugeben.
   Bei Fragesätzen mit **num/ -ne** ist der deutsche Fragesatz mit **ob** einzuleiten.

E Caesare/ Romanis quaesitum est:

Quid facere **vellet/ vellent**.	**Was er** tun **wolle/ sie** tun **wollten**.
Num iam consilia **cepisset/ cepissent**.	**Ob er/ sie** schon Pläne **gefasst habe/ hätten.**

Beachte: AcI bei einer Frage zeigt eine sog. rhetorische Frage, also eine eigentliche Aussage, an:

Quid maioris amicitiae esse quam Gallos periculis liberare.	Was zeuge von größerer Freundschaft als die Gallier von den Gefahren zu befreien.

4. Der **Konjunktiv in Gliedsätzen** ist **im Deutschen** gleichfalls mit **Konjunktiv** wiederzugeben, mit Berücksichtigung des vorliegenden Zeitverhältnisses.

Caesari/ Romanis nuntiatum est:

Cum Germani semper in Gallia **manerent/** sedes sibi in Gallia **constituissent**, eos etiam Romanis summo periculo esse.	**Wenn** die Germanen immer in Gallien **blieben/** sich Wohnsitze in Gallien **gründeten**, bedeuteten sie auch für die Römer höchste Gefahr.

3 Beispiel:

Regulus war von den Römern nach Karthago zu Friedensverhandlungen geschickt worden. Von dort kam er nach Rom zurück um die Friedensbedingungen zu überbringen. Er hatte den Karthagern versprochen auf jeden Fall nach Afrika zurückzukehren und die Verantwortung dafür zu übernehmen. Regulus trat vor den Senat in Rom.

Senatoribus haec fere dixit:	Er sagte zu den Senatoren ungefähr Folgendes:
① Se Romanis non **suadere,** ut pacem cum Carthaginiensibus facerent.	Er rate den Römern nicht mit den Karthagern Frieden zu schließen.
② **Illos** magnis cladibus ita **perculsos esse,** ut non iam sperarent se Romanos umquam victuros esse.	Jene seien von den großen Niederlagen so erschüttert, dass sie keine Hoffnung mehr hätten die Römer jemals zu besiegen.
③ **Neminem eis** postea crimini **daturum esse,** quod pacis condiciones repudiavissent.	Niemand werde ihnen später zum Vorwurf machen, wenn sie die Friedensbedingungen ablehnten.
④ **Num** quis de ea re **dubitaret**?	Ob jemand daran zweifle?
⑤ **Se ipsum** de re publica non ita **meritum esse,** ut **sui** solius causa communem civitatis salutem neglegerent.	Er habe sich um den Staat nicht so sehr verdient gemacht, dass sie aus Rücksicht auf ihn allein das Gemeinwohl vernachlässigen könnten.
⑥ **Ne cunctarentur** civitatis commoda saluti unius anteponere.	Sie sollten nicht zögern die Interessen des Staates dem Wohl eines Einzelnen vorzuziehen.
⑦ **Quid sibi pulchrius esse** quam patriae servire?	Was gebe es für ihn Schöneres als dem Vaterland zu dienen?
⑧ Proinde **se** rursus Carthaginem **remitterent**.	Deshalb sollten sie ihn wieder nach Karthago zurückschicken.

Gliedsatz – Satzgefüge

24 Satzglieder – Gliedsatz

1 Die fünf Satzpositionen können – bis auf das Prädikat – auch mit Sätzen gefüllt sein. Die syntaktische Funktion der **Satzglieder** bzw. **Satzgliedteile** übernehmen dann **Gliedsätze**, z.B.:

① Caesar	Cäsar kehrte
hieme	**im Winter**
rediit.	heim.

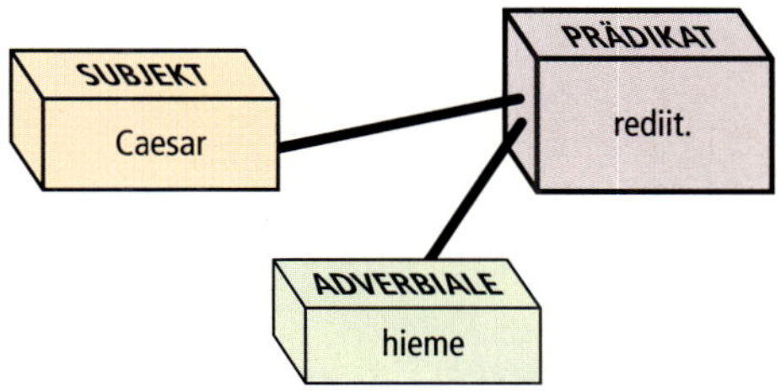

② Caesar,	Cäsar kehrte,
cum hiems	**als der Winter**
venisset,	**gekommen war**,
rediit.	heim.

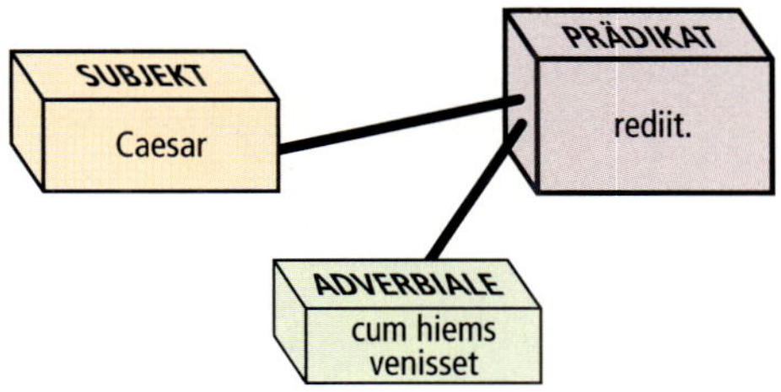

2 Da jeder Gliedsatz selbst in sich wieder fünf Satzpositionen aufweist und diese jeweils – bis auf das Prädikat – mit einem Gliedsatz besetzt sein können und bei diesen sich wieder die gleichen Möglichkeiten ergeben, können sich die Gliedsätze (wie bei einer russischen Puppe) in immer tieferer Abhängigkeit ineinander „verschachteln", d.h. es kann sich eine **Abfolge von immer weiter untergeordneten Sätzen**, ein **Satzgefüge**: GS_1, GS_2, GS_3 usw. ergeben.

① Caesar,	Cäsar kehrte,
GS_1 **cum** hiems	**da** ein eiskalter
frigidissima	Winter gekom-
venisset,	men war,
rediit.	heim.

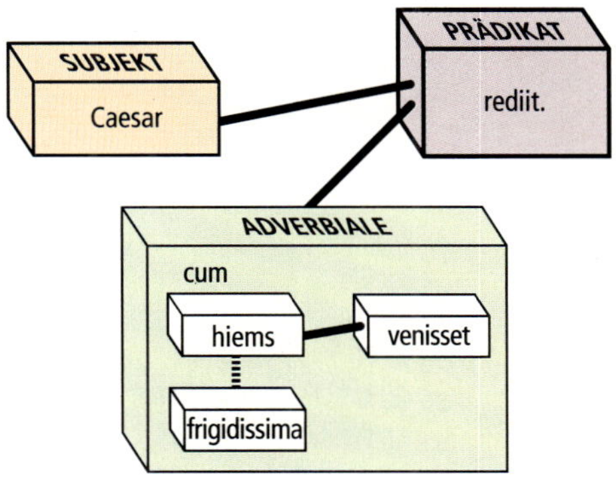

② Caesar,	Cäsar ist,
GS_1 **cum** hiems,	**da** der Winter,
GS_2 **quae** ibi	**der** dort
frigidissima	eiskalt
est,	ist,
venisset,	gekommen war,
rediit.	heimgekehrt.

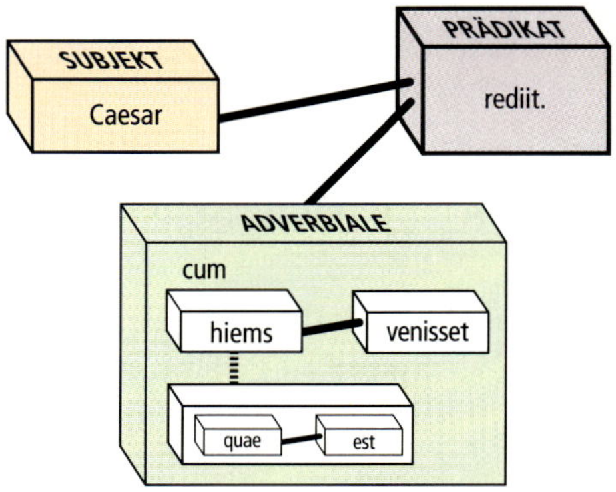

25 Periode – Periodenanalyse

1 Typen von Perioden

Die Abfolge von Hauptsatz und Gliedsätzen mit verschiedenen Graden der Unterordnung nennt man **Periode**.

Je nach der Zahl der Gliedsätze und dem Grad der Unterordnung unterscheidet man **einfache** und **komplexe Perioden**:

Einfache Perioden

① **Ut** vincam,	Um zu siegen
corpus exerceo.	trainiere ich.

steigende Periode

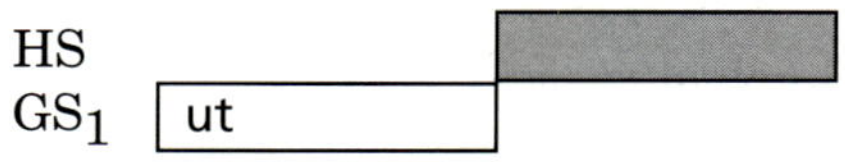

② Laboro,	Ich arbeite
ut vivam,	um zu leben,
sicut mihi	wie es mir
placeat.	gefällt.

fallende Periode

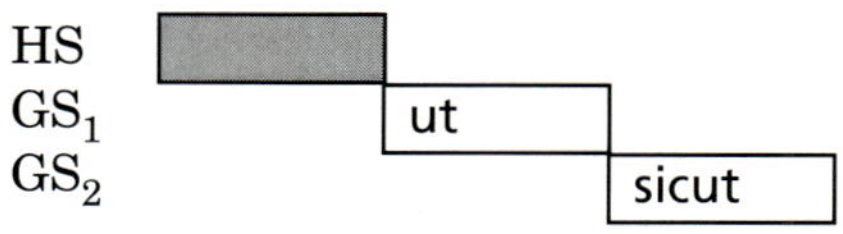

③ **Cum** nox esset,	Da Nacht war,
quieti me dedi,	ruhte ich mich aus
ut me recrearem.	um mich zu erholen.

Brückenperiode

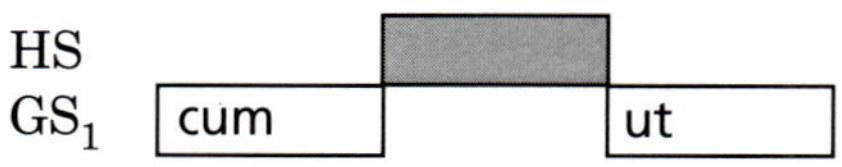

④ Cicero,	Cicero hat sich,
cum id studeret	da er beabsichtigte
ut orator bonus	ein guter Redner
fieret,	zu werden,
Athenas se contulit.	nach Athen begeben.

Sprungperiode

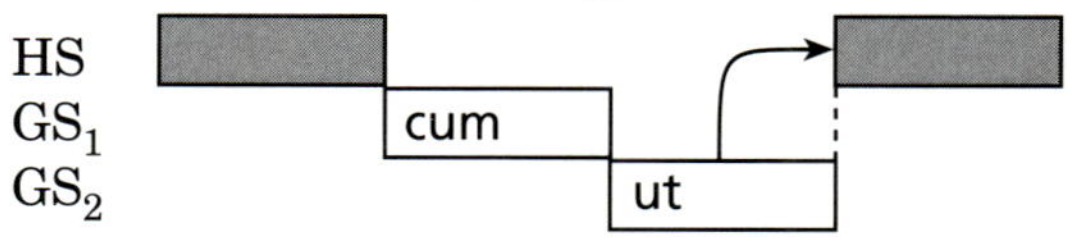

Komplexe Perioden

Dumnorix, postquam a Caesare petivit, ut in Gallia relinqueretur, quod mare timebat, et id sibi negari vidit, clam domum discessit.	Dumnorix ging, nachdem er Cäsar darum gebeten hatte, in Gallien gelassen zu werden, weil er das Meer fürchtete, und bemerkte, dass ihm dies nicht genehmigt würde, heimlich nach Hause. (nach Cäsar)

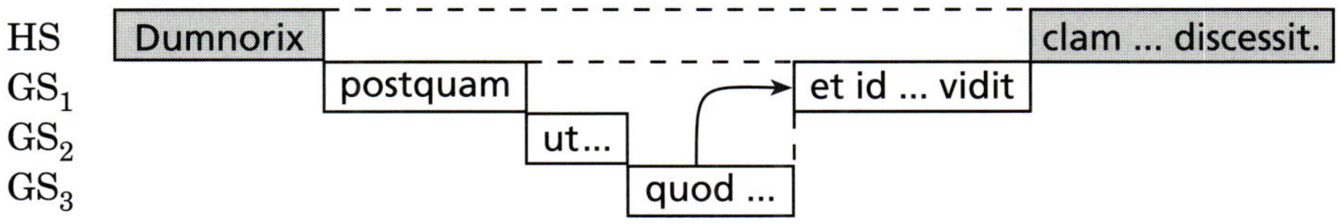

2 **Technik der Periodenanalyse**

Zum Übersetzen einer komplexen Periode bedarf es eines sicheren Weges. Ein bewährter **Weg der Analyse** ist die **„Kästchenmethode“**. Hier gelten folgende Grundregeln:

1. **Hauptsatz** und **Gliedsätze** werden in der Reihenfolge ihres Auftretens durch **Kästchen untereinander** geordnet.
2. Das **Tiefersetzen** bzw. **Höhersetzen** der Kästchen wird durch den **Gliedsatzgrad** bestimmt.
3. Man kann sich in der Regel von den **Satzzeichen** führen lassen: Bei jedem Satzzeichen wird ein Kästchen **eröffnet** bzw. **geschlossen**.
4. Um der Kürze der graphischen Darstellung willen empfiehlt es sich, in die Kästchen **nur die Subjunktion** und das **Prädikat** (oft auch nur die Abkürzung V) einzutragen.
5. **Satzwertige Elemente** lassen sich verkürzt durch **Symbole** verdeutlichen:

△ : PC ▽ : Abl. abs. ⏢ : AcI ◯ : Gdv

3 **Beispiele für historische ①② und oratorische Periode ③④:**

① *Qua re cognita* Caesar *ad bellum gerendum non* satis idoneum *tempus* (esse) *ratus* misit, **qui** nuntiarent exercitui *ad castra redeundum esse*, **cum** a se aliud esset captum consilium.

(nach Cäsar)

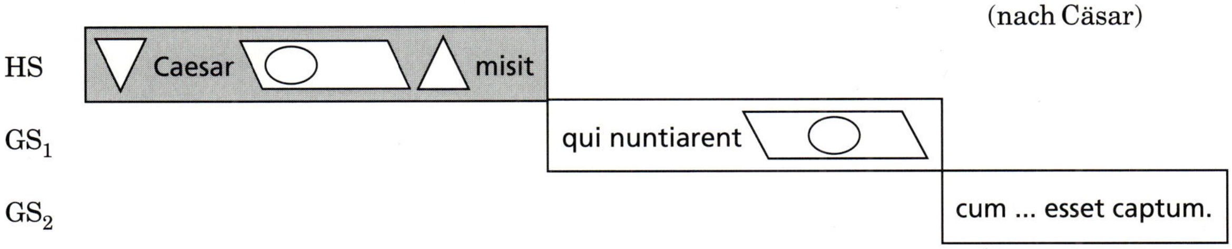

Als Cäsar dies erfahren hatte, glaubte er, die Zeit sei zum Kriegführen nicht recht geeignet; deshalb schickte er Leute aus, **die** dem Heer melden sollten, es müsse ins Lager zurückkehren, **da** von ihm ein anderer Plan gefasst worden sei.

② Hannibal ad Alpes **postquam** venit, **quae** Italiam Gallia seiungunt, **quas** nemo umquam cum exercitu ante eum transierat, Alpicos concidit, loca patefecit, itinera munivit, effecit, **ut** ea elephantus oneratus ire posset, **qua** antea unus homo inermis vix poterat repere.

(nach Nepos)

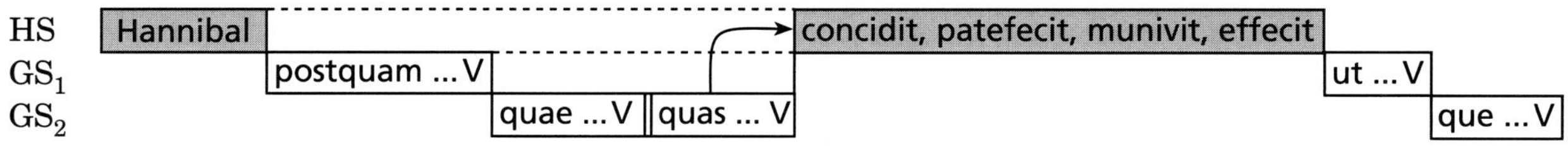

Als Hannibal zu den Alpen gekommen war, **die** Italien von Gallien trennen und **die** nie jemand mit einem Heer vor ihm überschritten hatte, schlug er die Alpenbewohner, machte die Gebiete zugänglich, befestigte die Wege und erreichte so, **dass** dort ein voll bepackter Elefant gehen konnte, **wo** früher ein Mensch ohne Waffenlast kaum zu kriechen im Stande war.

③ **Si** hoc maleficium ceteris exemplo esse cognoveritis,
si hoc scelus urbi nostrae periculosissimam esse cogitaveritis,
si hoc facinore imperium Romanum plane labefactari acceperitis,
si hoc flagitio gentes totius orbis terrarum perturbari audiveritis,
certe istum hominem putabitis maxime nefarium.

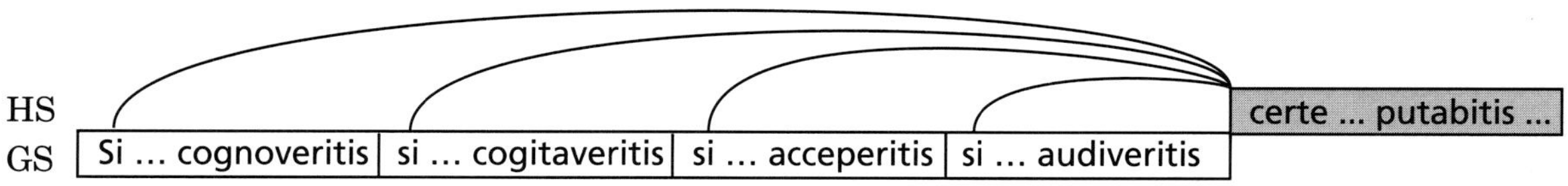

Wenn ihr erkennt, dass diese üble Tat für alle anderen ein schlechtes Beispiel ist,
wenn ihr bedenkt, dass dieses Verbrechen für unsere Stadt höchste Gefahr bedeutet,
wenn ihr vernehmt, dass durch diese Missetat das römische Imperium völlig erschüttert wird,
wenn ihr hört, dass durch diese Schandtat die Völker der ganzen Erde in Panik geraten,
dann werdet ihr sicherlich diesen Menschen da für den größten Schurken halten.

④ **Cum** patriae, **cum** vestrorum periculorum, **cum** huius urbis, **cum** templorum illorum,
cum puerorum infantium, **cum** matronarum et virginum memineram e t
cum totius urbis incendium, **cum** civium sanguis, **cum** cinis patriae ante oculos verari coeperat,
tum denique isti homini resistebam.

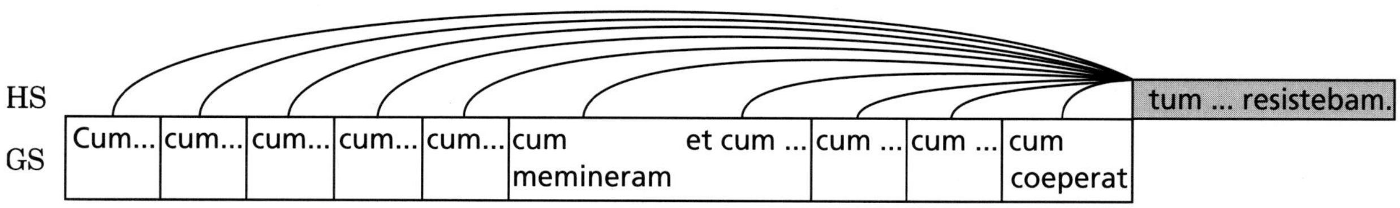

Als ich an das Vaterland, **als** ich an eure Gefahren, **als** ich an diese Stadt, **als** ich an jene Tempel,
als ich an die unmündigen Jungen, **als** ich an die Mütter und Mädchen dachte u n d
als der Brand der ganzen Stadt, **als** das Blut der Bürger, **als** die Asche des Vaterlands mir vor die Augen traten,
da endlich versuchte ich mich diesem Menschen da entgegenzustellen.

Gliedsätze

Gliedsätze fungieren im Satz als **Subjekt** und **Objekt**, am häufigsten als **Adverbiale** und **Attribut**. Sie werden durch **unterordnende Verbindungswörter** (Subjunktionen) eingeleitet.

VERWENDUNG IM SATZMODELL

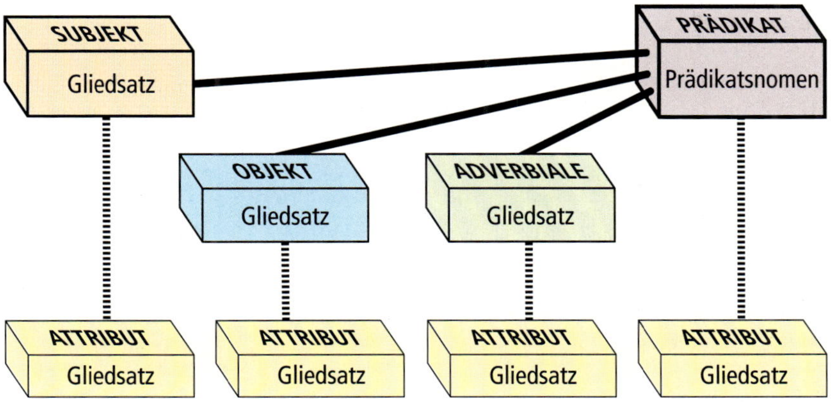

VERWENDUNGSHÄUFIGKEIT

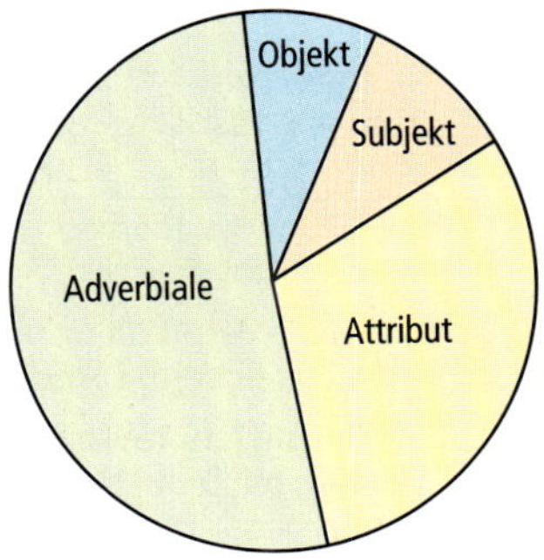

26 Modi in Gliedsätzen

Gliedsätze stehen je nach Aussageabsicht im **Indikativ** oder im **Konjunktiv**.
Der **Indikativ** zeigt an, ob eine **Tatsache**, eine **Wirklichkeit** ausgedrückt ist;
der **Konjunktiv** zeigt an, ob eine **Möglichkeit**, eine **Absicht**, eine **Unwirklichkeit** zum Ausdruck kommen soll.
Im Deutschen bleibt der **Konjunktiv** zumeist **unübersetzt**, wie aus folgender Tabelle S. 88 zu entnehmen ist.

Der Konjunktiv in Gliedsätzen

	Beispielsätze	Übersetzung	Subjunktion		Gliedsatzart
Subjekt-/ Objektsätze	1. Incertum est, **ubi sis/ fueris**.	Es ist ungewiss, **wo du bist/ gewesen bist**.	cur quando	**warum** **wann**	**Abhängiger Fragesatz** (↗ 27.3)
	2. Nescis, **num** beatus **sim/ fuerim**.	Du weißt nicht, **ob** ich glücklich **bin/ gewesen bin**.	quam num	**wie** **ob**	
	3. Cura, **ut** salvus **redeas**. Timeo, **ne** sero **venias**.	Achte darauf, **dass** du gesund **zurückkommst**. Ich fürchte, **du kommst** zu spät.	ut ne ne	**dass** **dass nicht** **dass**	**Abhängiger Begehrsatz** (↗ 27.2) Nach Verben des Fürchtens (↗ 27.2)
	4. Tum accidit, **ut** Hannibal ad portas **esset**.	Damals ereignete es sich, **dass** Hannibal vor den Toren stand.	ut ut non	**dass** **dass nicht**	**Abhängiger Erläuterungssatz** (↗ 27.1)
Adverbialsätze	5. I, **ut** amicos adiuves/ **ne** amicos **deseras**!	Geh **um** den Freunden **zu helfen/ um nicht** … im Stich zu lassen.	ut ne	**dass** **damit nicht**	**Finalsatz** (↗ 28.4.2)
	6. Quis ita carpit diem, **ut non** de postero **cogitet**?	Wer genießt den Tag so, **dass** er **nicht** an den morgigen denkt?	ut ut non	**(so)dass** **dass nicht**	**Konsekutivsatz** (↗ 28.4.3)
	7. **Cum** diu **laboravissem**, quieti me (non) dedi.	**Als / Weil/ (Obwohl)** ich lange **gearbeitet hatte**, legte ich mich (nicht) zur Ruhe.	cum	**als/ nachdem** **da/ weil** **obwohl**	**Temporalsatz/** (↗ 28.2) **Kausalsatz/** (↗ 28.4.1) **Konzessivsatz/** (↗ 28.4.4)
	8. **Si tacuisses**, philosophus **mansisses**.	Wenn du **geschwiegen hättest, wärst du ein Philosoph geblieben**.	si nisi	**wenn** **wenn nicht**	**Kondizionalsatz** Irrealis der Gegenwart/ Vergangenheit (↗ 28.4.5)

27 Subjekt- und Objektsätze

Als Subjekt oder Objekt erscheinen

1 Abhängige Erläuterungssätze

quod (faktisches quod)	I/K	dass
ut	K	dass
quin	K	dass

① Mirum est, **quod** hodie non sero **venisti**.	Es ist verwunderlich, dass du heute nicht zu spät gekommen bist.
② Non habeo, **quod metuam**.	Ich habe keinen Grund mich zu fürchten.
③ Accidit, **ut** terra **moveretur**.	Es geschah, dass die Erde bebte.
④ Nemo dubitat, **quin** Alexander magnus **fuerit**.	Niemand zweifelt, dass Alexander bedeutend/ ein großer Mann gewesen ist.

SATZANALYSE

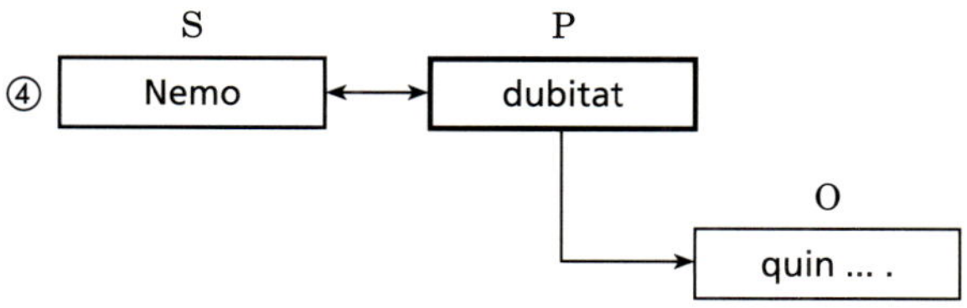

2 Abhängige Begehrsätze

ut	K	dass
ne	K	dass nicht
ne (nach Verben des Fürchtens, Sich-Hütens)	K	dass

① Orandum est, **ut** omnes salvi **redeant**.	Man muss beten, dass alle wohlbehalten zurückkehren.
② Cura, **ut valeas**!	Achte darauf, gesund zu bleiben!
③ Periculum erat, **ne** amici **perirent**.	Es bestand Gefahr, dass die Freunde umkamen.
④ Cave, **ne cadas**!	Hüte dich zu fallen!

SATZANALYSE

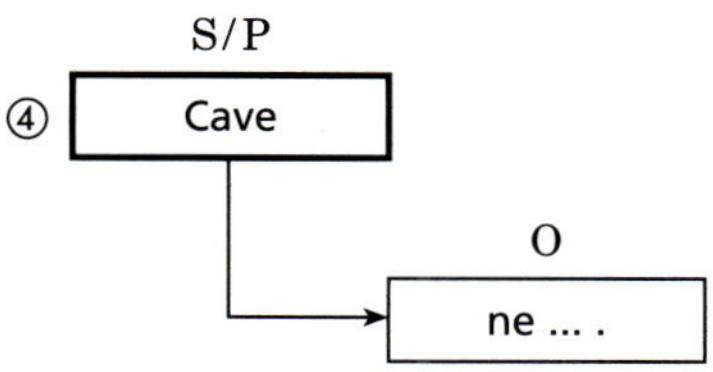

3 Abhängige Fragesätze

a) Wortfragen

quis	K	wer
ubi	K	wo
quando	K	wann
quam	K	wie
cur	K	warum

① Incertum est, **quis** victor **sit**.	Es ist unklar, wer Sieger ist.
② **Ubi** viverem, rogavisti.	Wo ich lebe, fragtest du.
③ Nemo scit, **quando** mundus **periturus sit**.	Niemand weiß, wann die Welt untergehen wird.
④ Omnes audiverunt, **quam** fortiter **restitissetis**.	Alle haben gehört, wie tapfer ihr Widerstand geleistet habt.
⑤ **Cur** omnes **tacuerint**, non apparet.	Warum alle geschwiegen haben, ist nicht klar.

Satzanalyse

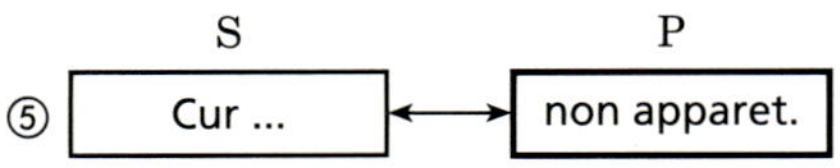

b) Satz- oder Entscheidungsfragen

num / -ne		ob
utrum / -ne	an	ob – oder

① Quis cogitavit,
num omnia / **omniane** > **ex aqua orta essent?**

Wer hat darüber nachgedacht, ob alles aus Wasser entstanden ist?

② **Utrum hoc** / **Hocne** > **verum sit** / **an falsum,** > quaerendum est.

Ob dies wahr oder falsch ist, muss untersucht werden.

Satzanalyse

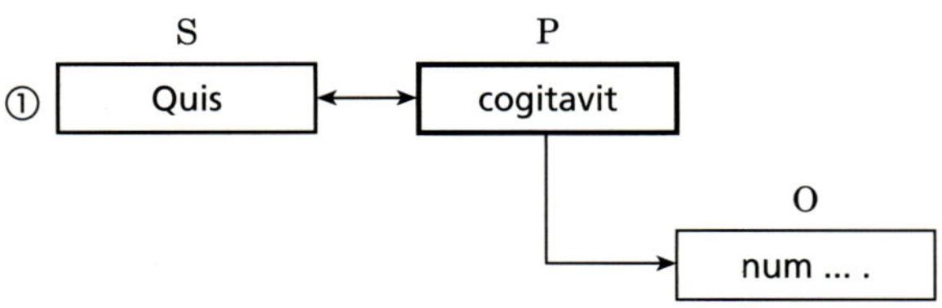

28 Adverbialsätze

Die adverbialen Gliedsätze gliedern sich entsprechend den vier Umstandsbestimmungen im Satz

in **Adverbialsätze**
1. des **Ortes**,
2. der **Zeit**,
3. der **Art und Weise**,
4. des **Grundes**.

VERWENDUNGSHÄUFIGKEIT

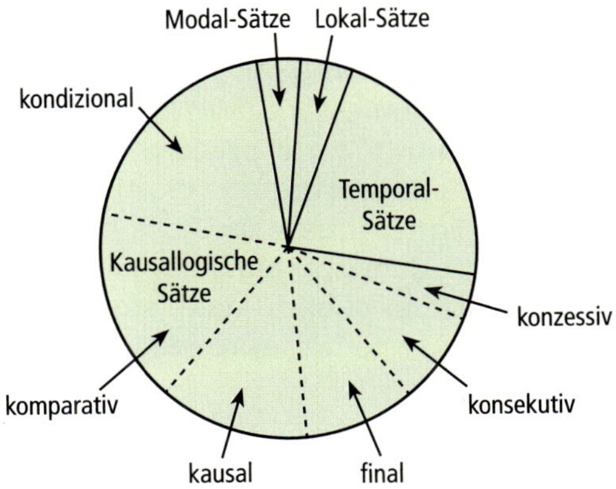

1 Lokalsätze

ubi	I	wo
ubicumque	I	wo auch immer

Ubi(cumque) bene (est), ibi patria (est).	Wo (immer) es dir gut geht, dort ist deine Heimat.

SATZANALYSE

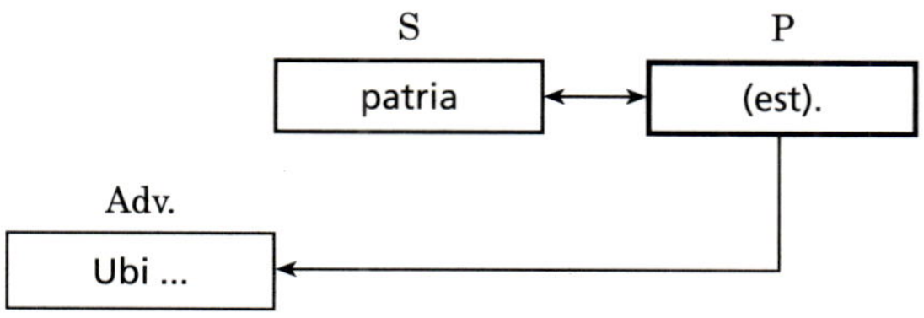

2 Temporalsätze

cum	K	als, nachdem
	I	wenn, sooft als (plötzlich)
postquam	I Perf.	nachdem
priusquam	I/ K	ehe, bevor
dum/ donec	I/ K	solange als/ bis
dum	I (Präs.)	während
ut/ ubi/ simul	I Perf.	sobald

① **Cum id nuntiatum esset,** ab urbe profecti sumus.	Als dies gemeldet worden war, brachen wir von der Stadt auf.
② Omnia sunt incerta, **cum ab iure discessum est.**	Alles ist unsicher, wenn man vom Recht abgewichen ist.
③ Vix epistulam tuam legeram, **cum amici tui venerunt.**	Kaum hatte ich deinen Brief gelesen, als deine Freunde kamen.
④ **Postquam dicendi finem fecit,** omnes tacebant.	Als er seine Rede beendet hatte, schwiegen alle.
⑤ **Priusquam de praeceptis oratoriis dicamus,** de arte oratoria dicendum est.	Bevor wir über die Rederegeln sprechen, muss man über die Redekunst sprechen.
⑥ Ego in urbe manebo, **dum ista cognoscam.**	Ich will in der Stadt bleiben, bis ich das in Erfahrung bringe.
⑦ **Ut res publica labore atque iustitia crevit,** fortuna saevire coepit.	Sobald der Staat durch Anstrengung und Gerechtigkeit gewachsen war, begann das Schicksal zu wüten.

Satzanalyse

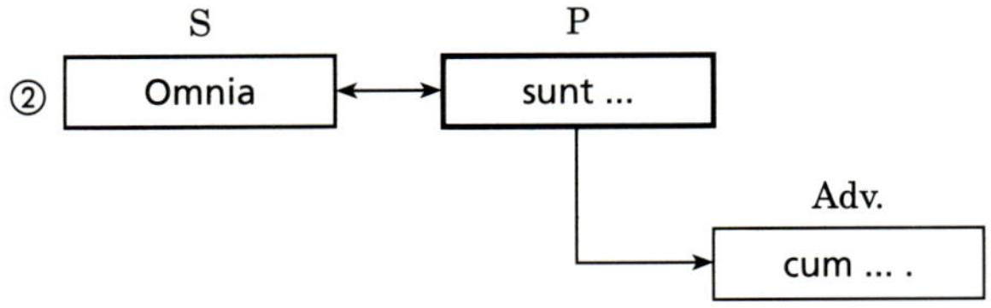

3 Modalsätze

cum	I/ K	indem/ wobei

① **Cum taces,** confiteris.	Indem du schweigst, gestehst du.
② Praeteribant, **cum riderent.**	Sie zogen vorbei, wobei sie lachten.

Satzanalyse

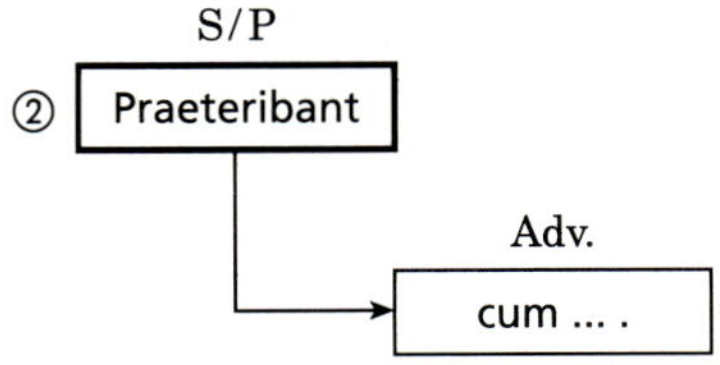

4 Kausallogische Sätze

Die **Adverbialsätze des Grundes** erfassen das **kausallogische Verhältnis**, das zwischen dem Gliedsatz und dem übergeordneten Satz besteht. Dieses Verhältnis kann verschieden ausgerichtet sein: Man unterscheidet demnach:

1. Kausalsätze,
2. Finalsätze,
3. Konsekutivsätze,
4. Konzessivsätze,
5. Kondizionalsätze,
6. Komparativsätze.

4.1 Kausalsätze

cum	K	da
quod/ quia	I	da/ weil
quoniam	I	da ja

① **Cum exire non auderem,** amici me visitabant.	Da ich nicht fortzugehen wagte, besuchten mich die Freunde.
② Haec urbs **quod/ quia postrema aedificata est,** Neapolis nominatur.	Diese Stadt heißt, weil sie zuletzt gebaut wurde, Neapolis („Neustadt").
③ **Quoniam nox est,** domum discedamus!	Da Nacht ist, wollen wir nach Hause gehen!

SATZANALYSE

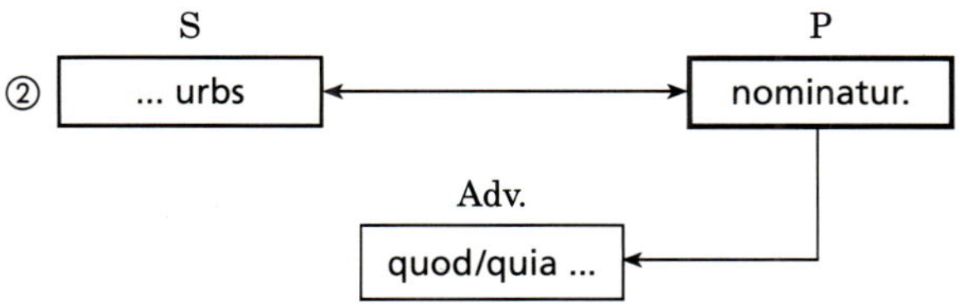

4.2 Finalsätze

ut	K	damit/ um zu
ne	K	damit nicht/ um nicht zu
quo (mit Komparativ)	K	damit umso

① Legum servi sumus, **ut liberi esse possimus.**	Wir sind Diener der Gesetze, damit wir frei sein können/ um frei sein zu können.
② Nolo esse laudator, **ne videar adulator.**	Ich will kein Lobredner sein um nicht als Schmeichler zu erscheinen.
③ Ager saepius aratur, **quo meliores fruges ferre possit.**	Ein Acker wird öfter gepflügt, damit er umso bessere Früchte tragen kann.

Satzanalyse

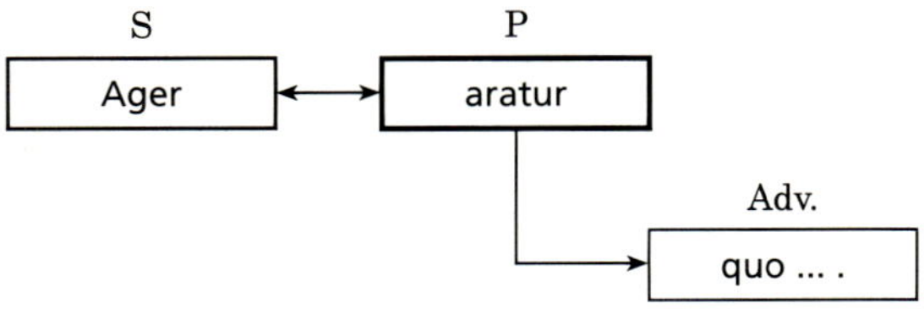

4.3 Konsekutivsätze

ut	K	so dass
ut non	K	so dass nicht

Atticus ita Graece loquebatur, **ut Athenis natus esse videretur./** **ut Athenis peregrinus non putaretur.**	Atticus sprach so gut Griechisch, dass er in Athen geboren zu sein schien./ dass er in Athen nicht als Fremder galt.

Satzanalyse

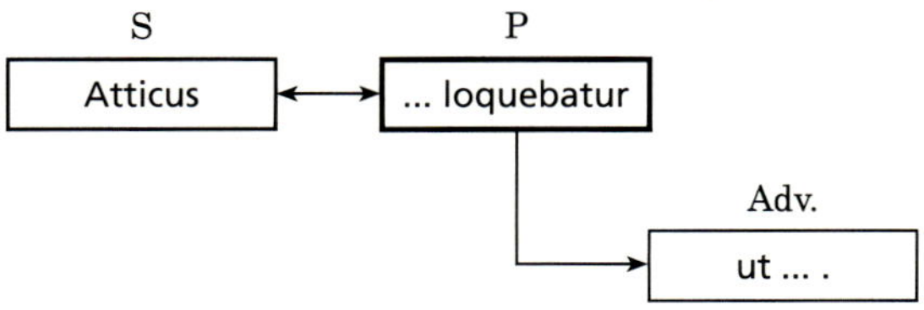

4.4 Konzessivsätze

cum	K	obwohl
quamquam	I	obgleich
etsi/ etiamsi	I/ K	wenn auch

① Phocion semper pauper erat, **cum divitissimus esse posset.**	Phokion blieb immer arm, obwohl er sehr reich hätte sein können.
② **Quamquam dies festus erat,** otio non fruebar.	Obgleich Festtag war, fand ich keine Muße.
③ Homini mendaci non credas, **etsi/ etamsi verum dicat.**	Einem Lügner vertraut man wohl nicht, auch wenn er die Wahrheit sagt.

Satzanalyse

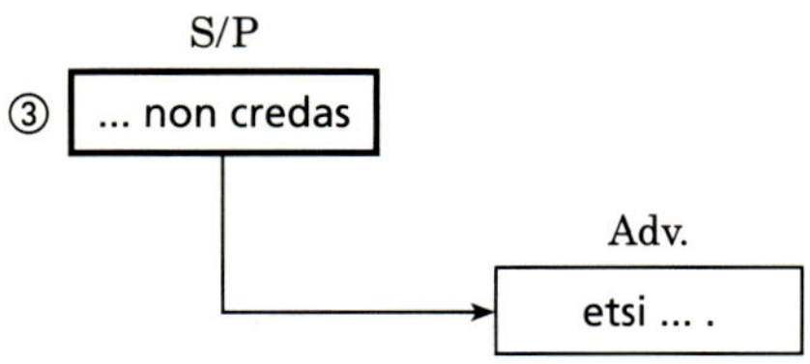

4.5 Kondizionalsätze

si	I/ K	wenn
nisi	I/ K	wenn nicht

① Wirklichkeit:	REALIS:	Indikativ aller Zeiten
② Möglichkeit:	POTENTIALIS:	Konj. Präs./ Perf.
③ Unwirklichkeit:	IRREALIS d. Ggw.	Konj. Impft.
④ Unwirklichkeit:	IRREALIS d. Vgh.	Konj. Plusqperf.

① **Si quis spirat**, vivit.	Wenn einer atmet, lebt er.
② **Nisi bellum omittamus,** numquam pace fruamur.	Wenn wir den Krieg nicht aufgeben sollten, werden wir (wohl) niemals Frieden haben.
③ Fame periret, **si eum relinqueremus**.	Er würde an Hunger sterben, wenn wir ihn zurückließen.
④ Numquam Hercules ad deos abisset, **nisi eam sibi viam virtute munivisset**.	Niemals wäre Herkules zu den Göttern gelangt, hätte er sich nicht den Weg dorthin durch Tüchtigkeit geebnet.

SATZANALYSE

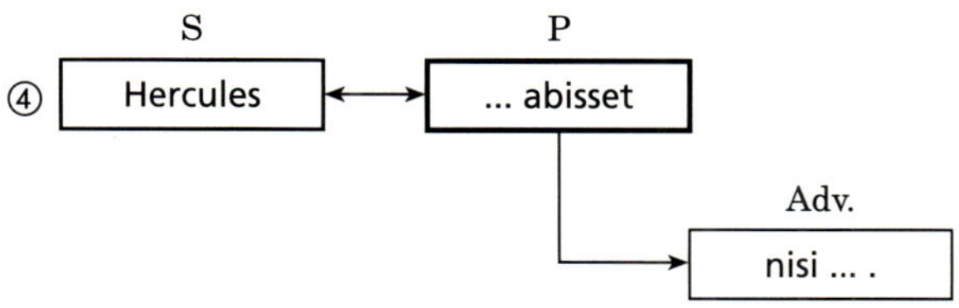

4.6 Komparativsätze

ut/ sicut	I ..., ita/ sic	wie ..., so
quasi	K	als ob
talis	... qualis	so beschaffen ... wie
quo	... eo	je ... desto
idem	... qui	derselbe ... wie

① **Ut animus corpori,** ita rex populo imperat.	Wie der Geist über den Körper, so herrscht der König über das Volk.
② **Quasi imperator sis,** nobis imperas.	Als wärst du ein Herrscher, so herrschst du über uns.
③ **Qualis homo ipse est,** talis eius est oratio.	Wie der Mensch selbst beschaffen ist, so ist auch seine Rede.
④ Homines **quo plura habent,** eo plura desiderant.	Je mehr die Menschen haben, desto mehr wollen sie.
⑤ Non idem scio **ac tu**.	Ich weiß nicht dasselbe wie du.

SATZANALYSE

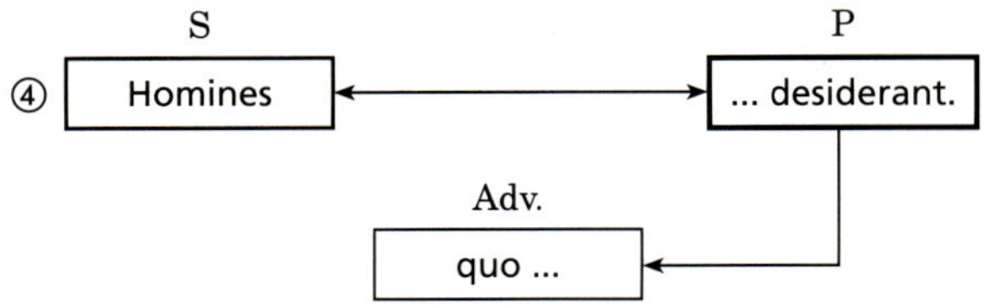

29 Attributsätze (Relativsätze)

Attributsätze enthalten jeweils eine **nähere Bestimmung** zu dem Satzglied, auf das sie sich beziehen. Man nennt sie deshalb auch **Relativsätze** (relativ < referre: beziehen).
Attributsätze (Relativsätze) sind eingeleitet mit:

Relativ-Pronomina	(z.B.) qui, quae, quod	der, die, das
Relativ-Adverbien	(z.B.) quo; ubi; unde	wohin; wo; woher

1 **Relativsätze** können bei jedem Satzglied als Attribut stehen:

① Subjekt

Vir, **qui ibi stat,** amicus meus est. — Der Mann, der dort steht, ist mein Freund.

SATZANALYSE

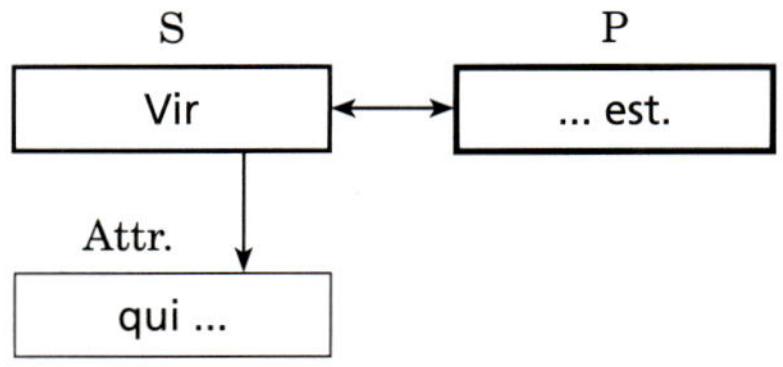

② Prädikat

Hic vir est, **quem quaerimus**. — Das ist der Mann, den wir suchen.

SATZANALYSE

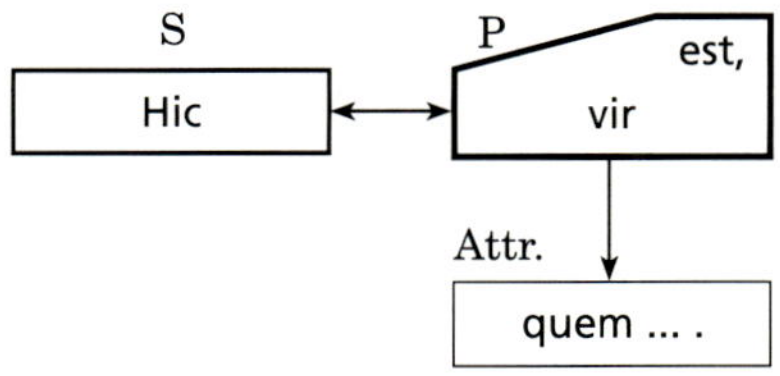

③ Objekt

Videsne virum, **qui ibi stat?**	Siehst du den Mann, **der dort steht**?

Satzanalyse

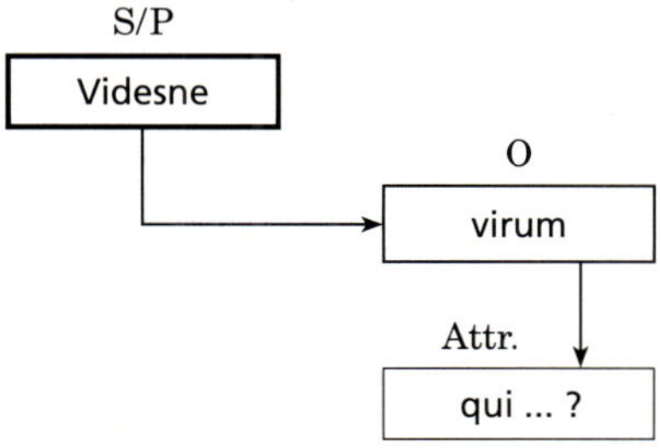

④ Adverbiale

Amici apud virum, **quem quaerimus,** pernoctare volunt.	Die Freunde wollen bei dem Mann, den wir suchen, übernachten.

Satzanalyse

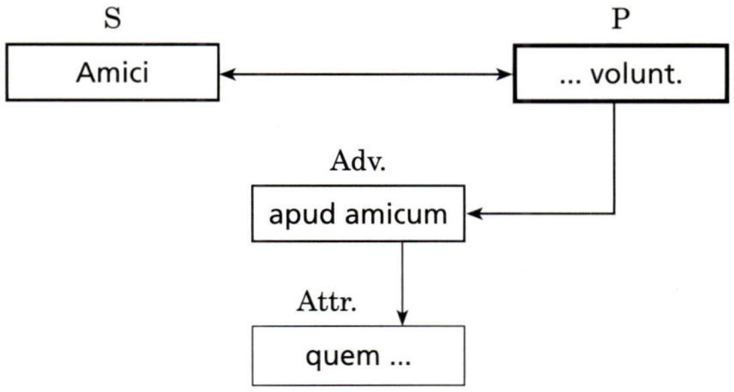

2 **Relativsätze** können bei Wegfall des Bezugswortes (meist des Demonstrativ-Pronomens) selbst **Satzglieder** darstellen:

① Subjekt

Qui deum amat, virtutem amat.	Wer Gott liebt, liebt die Tugend.

Satzanalyse

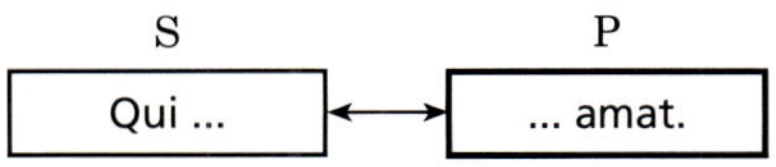

② Objekt

Quidquid agis, prudenter agas!	Was immer du tust, tue es mit Bedacht!

Satzanalyse

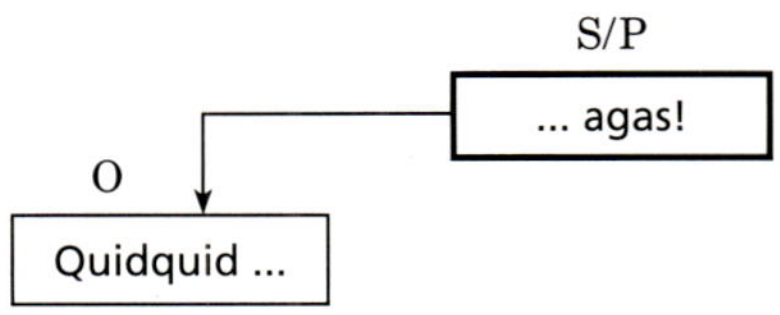

3 In **Relativsätzen** steht als **Modus** der **Indikativ**. Der **Konjunktiv** drückt meist einen **finalen** ①, **konsekutiven** ② oder **kausalen** ③ **Nebensinn** aus:

① Misit legatos, **qui nuntia***rent*.	Er schickte Gesandte, die melden *sollten* …
② Non sum is, **qui** periculis **terre***ar*.	Ich bin kein solcher, der sich durch Gefahren einschüchtern *ließe*. (nicht so, *dass* ich mich …)
③ Hoc non probo, (quippe) **qui** institiam **col***am*.	Das billige ich nicht, da ich ja die Gerechtigkeit hochhalte.

4 Das **Bezugswort des Relativsatzes** nimmt manchmal eine **besondere Stellung** ein.

4.1 In den Relativsatz gezogen:

① **Quod** ibi vides **spectaculum,** mirum est.	Das Schauspiel, das du dort siehst, ist wunderbar.
② Conservemus **eum quem** probamus **statum** rei publicae!	Wollen wir den Zustand des Staates, den wir billigen, aufrechterhalten!

4.2 Im Relativsatz wiederholt:

In **ea loca** profecti sumus, **quibus in locis** terrarum motus facti sunt.	Wir sind in die Gegenden gereist, in welchen sich Erdbeben ereigneten.

5 Das **Relativ-Pronomen** kann in eine innerhalb des Relativsatzes stehende Konstruktion **einbezogen** sein: **verschränkte Relativsätze**. Am häufigsten ist dies der Fall beim **AcI** oder bei einer **Partizipialkonstruktion** (**PC** oder **Abl. abs.**).

5.1 AcI

Defendamus libertatem, **quam summum bonum esse** putamus!	Wollen wir die Freiheit verteidigen, **von der wir glauben, dass sie** das höchste Gut ist!/ **die unserer Überzeugung nach** das höchste Gut ist!

... libertatem

\quam ... esse\ putamus!

5.2 Partizipialkonstruktion (Abl. abs.)

Cole iustitiam, **qua sublata** omnis tollitur societas!	Halte die Gerechtigkeit hoch, bei deren Preisgabe jede Gemeinschaft zerstört wird!

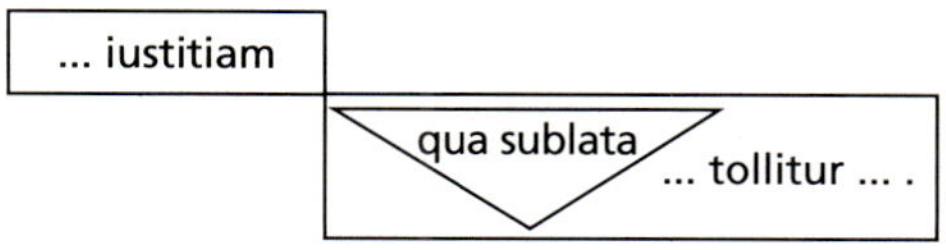

6 Ein **Relativsatz** kann sich vom Hauptsatz so stark gelöst haben, dass er als **eigenständiger Satz** fungiert. Das **Relativ-Pronomen** stellt in diesem Falle eine **enge Verbindung** zwischen zwei Sätzen dar: **relativischer Satzanschluss**.

① Utiles Ciceronis libri sunt. **Quos** studiose legamus! ② Vari legiones oppressae sunt. **Quod** ubi audivit, Augustus tristissimus erat.	Nützlich sind Ciceros Bücher. Wollen wir sie also eifrig lesen! Die Legionen des Varus wurden vernichtet. Als dies Augustus erfuhr, war er sehr traurig.

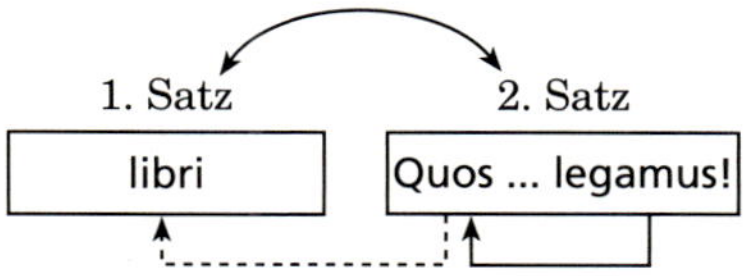

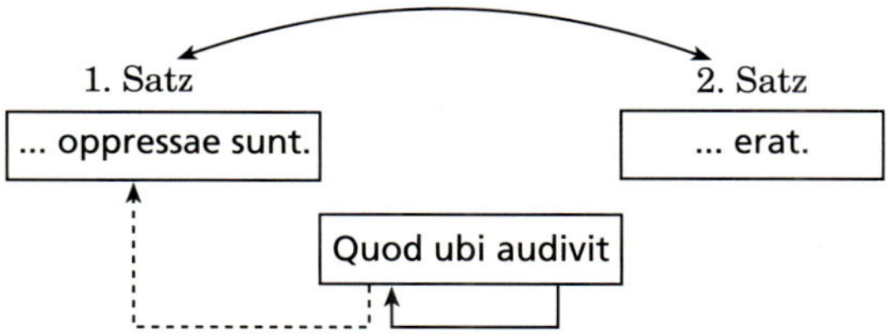

30 Gleiche Aussage – verschiedene Konstruktionen

In allen Sprachen lassen sich **gleiche oder ähnliche Aussagen** mit **verschiedenen Konstruktionen** ausdrücken; Unterschiede bestehen allenfalls im Grad des Nachdrucks oder der Einstellung des Sprechers zur Aussage.
Einigen Konstruktionen kommt jedoch zur Formulierung einer Aussage in der Regel die **erstrangige Aufgabe** zu, anderen eine **zweitrangige**, wieder anderen nur eine **drittrangige**.
Im Lateinischen ist eine solche Rangfolge deutlich ausgeprägt bei folgenden Aussageabsichten:

1 Konstruktionen zur Äußerung von Gedanken und Gefühlen

Äußerungen von Gedanken und Gefühlen sind im Lateinischen **in verschiedenrangigen Konstruktionen** ausgedrückt:

1.1 Erstrangige Konstruktion: AcI

Cicero	sciebat dixit scripsit dolebat	fili**am** su**am** mortu**am** **esse**.	Cicero	wusste, berichtete, schrieb, schmerzte es,	dass seine Tochter gestorben war.

1.2 Zweitrangige Konstruktion: faktisches quod (nur bei Äußerung von Gefühlen)

① Cicero dolebat, **quod** filia eius mortua erat.	Cicero trauerte darüber, **dass** seine Tochter gestorben war.
② Fortunam accusavit, **quod** se gravissime afflix**isset**.	Er klagte das Schicksal an, **dass** es ihn so hart getroffen **habe**.

1.3 Drittrangige Konstruktionen: ut-/ quin-Satz
(bei unpersönlichen Ausdrücken und Verben des Zweifelns)

① Factum est, **ut** Cicero de morte filiae valde doleret.	Es war der Fall, **dass** Cicero über den Tod der Tochter sehr trauerte.
② Nemo dubitat, **quin** Cicero fortuna gravissime afflictus sit.	Niemand zweifelt, **dass** Cicero vom Schicksal schwer getroffen wurde.

2 Konstruktionen zum Ausdruck von Zweck und Absicht

Zum Ausdruck von **Zweck und Absicht** stehen im **Lateinischen** und **Deutschen** eine **Vielzahl unterschiedlicher Konstruktionen** zur Verfügung. Sie sind nachfolgend vergleichend gegenübergestellt:

Latein	Deutsch
Consulatum peto,	Ich bewerbe mich um das Konsulat,
① **ut** rem publicam conservem.	ⓐ **damit** ich den Staat rette.
② **ad** rem publicam conserva**ndam**.	ⓑ **zur** Rett**ung** des Staates.
③ rei publicae conserva**ndae causa**.	ⓒ der Rett**ung** des Staates **wegen**.
④ rem publicam conserva**turus**.	ⓓ **in der Absicht**, den Staat **zu** retten.
⑤ rem publicam conserva**tum**.	ⓔ **um** den Staat **zu** retten.
erstrangige K.: ① Finalsatz	ⓐ Finalsatz
erstrangige K.: ② Gerundivum mit ad	ⓑ Präpositionale Verbindung
erstrangige K.: ③ Gerundivum mit causa	ⓒ Präpositionale Verbindung
zweitrangige K.: ④ PC-Futur	ⓓ Präpositionalausdruck mit Infinitiv
drittrangige K.: ⑤ Supinum	ⓔ verkürzter Finalsatz

Mit welcher deutschen Entsprechung jeweils die vorliegende lateinische Konstruktion am besten wiederzugeben ist, hängt vom Stilgefühl und vom Textzusammenhang ab.

3 Konstruktionen zum Ausdruck einer Begründung

Begründungen können im Lateinischen in zwei **verschiedenen Konstruktionen**, die nahezu gleichrangig sind, ausgedrückt sein:

Kausale Gliedsätze	Partizipialkonstruktionen	
①	**Seneca philosophiae se dedit**	
, quod ea se beatum fieri putabat.	ea se beatum fieri **ratus**.	**facultate** rei publicae libere administrandae non iam **data**.
quod-Satz	**PC**	**Abl. abs.**
	Seneca widmete sich der Philosophie,	
weil er dadurch glücklich zu werden glaubte.	**weil** er der Meinung war, dadurch glücklich zu werden.	**weil** die Möglichkeit den Staat frei zu verwalten nicht mehr gegeben war.
②	**Cicero philosophiae se dedit**	
, cum rebus publicis exclud**eretur**.	rebus publicis **exclusus**.	**Caesare et Pompeio** eius studiis rei publicae **resistentibus**.
cum-Satz	**PC**	**Abl. abs.**
	Cicero widmete sich der Philosophie,	
da er von der Politik ausgeschlossen wurde.	**da** er von der Politik ausgeschlossen war.	**da** Cäsar und Pompeius sich seinem politischen Engagement widersetzten.

Sachregister